# INS LEIPZIGER LAND
# MIT DEM RAD



*PRO* LEIPZIG

Liebe Leserinnen und Leser,

nach „An Leipzigs Ufern“, „Quer durch Leipzig mit dem Rad“ und „Auf der Straße der Braunkohle“ wird nun mit „Ins Leipziger Land mit dem Rad“ eine bei den Leipzigern und ihren Gästen gleichermaßen bewährte und beliebte Buchreihe fortgesetzt. Der kleine, handliche Radwanderführer lädt ein, sich auf neuen und alten Wegen die unverwechselbaren Landschaften und Städte zwischen Saale und Mulde bzw. zwischen Goitzsche und Altenburger Land zu erschließen.

Über Jahrzehnte war die Fahrt ins Leipziger Land mit dem Rad kaum ratsam und wenig erholsam. Braunkohlentagebaue und Veredlungsstandorte der Braunkohle umlagerten besonders im Süden und Norden, aber auch im Westen die Stadt. Viele klassische Wege ins Land wurden unterbrochen, Barrieren geschaffen und einige Ziele auch abgebaggert. In den letzten reichlich zehn Jahren hat sich die Situation im Leipziger Umland grundlegend gewandelt. Die atemberaubende Umgestaltung der Bergbaufolgelandschaften schuf nicht nur ganz neue und einzigartige Möglichkeiten für Freizeit und Erholung, für Wassersport und Tourismus, sondern auch neue Wege für Touren mit und ohne Rad. Mit Hilfe des Buches können diese entstehenden, aber auch die wieder aufblühenden alten Kulturlandschaften neu entdeckt werden. Das Radtourenbuch zeigt damit auch den Stand der gemeinsamen Bemühungen von Freistaat Sachsen, Regierungspräsidium Leipzig und der Stadt Leipzig zur Wiederbelebung und attraktiven Umgestaltung des Leipziger Landes. Dieser Wandel ist im Leipziger Südraum, aber auch zunehmend im Nordraum, schon deutlich sichtbar. Viele haben sich schon auf den Weg gemacht ...

Das Buch passt zudem gut zur Sportstadt und -region Leipzig, die mit ihrer Bewerbung um „Olympia 2012“ zwar nicht erfolgreich war, jedoch mit ihren nachhaltigen Konzepten, „kurzen Wegen“, der Tradition als Sporthochburg und einer beispiellosen Sportbegeisterung unter der Bevölkerung national wie international angenehm überrascht hat.

Den Lesern und Nutzern, ob jung oder alt, wünschen wir viel Spaß und unvergessliche Erlebnisse auf den Wegen und an den Zielen im Leipziger Land.

Walter Christian Steinbach
Regierungspräsident

Dr. Engelbert Lütke Daldrup
Stadtbaurat und Beigeordneter
für Stadtentwicklung und Bau

# INS LEIPZIGER LAND MIT DEM RAD

Herausgegeben von PRO LEIPZIG e. V.
in Zusammenarbeit mit dem ADFC Leipzig e. V.
und dem Planungsbüro StadtLabor

**FAHRRADMITNAHME IN ÖFFENTLICHEN VERKEHRSMITTELN IM RAUM LEIPZIG**

Die Mitnahme von Fahrrädern in Straßenbahnen und Bussen ist erlaubt, wenn es die Beförderungskapazitäten zulassen. Für ein Fahrrad ist eine Kinderfahrkarte oder ein Abschnitt der Mehrfahrtenkarte für Kinder in der erforderlichen Preisstufe zu entwerten.
In den DB-Regio-Zügen im Gebiet des Zweckverbandes für den Nahverkehrsraum Leipzig ist die Mitnahme von Fahrrädern jederzeit und kostenlos möglich.

**KARTENSYMBOLE**

- ● Tourbeginn
- ► Tourende
- — Route
- - - Abstecher

Für die Richtigkeit der in den Touren aufgeführten Telefonnummern wird keine Gewähr übernommen.
Die in dieser Publikation enthaltenen Karten sind lediglich Übersichtskarten. Für alle, die es genauer wissen wollen oder müssen, empfehlen wir die 2004 erschienene ADFC-Regionalkarte „Leipzig und Umgebung“.

Die Inhalte dieser Publikation berechtigen nicht zur Ableitung rechtlicher Ansprüche. Für die Richtigkeit der Angaben übernehmen die Herausgeber keine Gewähr.
Für Hinweise zu Änderungen, Ergänzungen und Berichtigungen, die in der nächsten Auflage Berücksichtigung finden können, ist PRO LEIPZIG stets dankbar.

Verkehrsanbindung
Informationen
Sehenswürdigkeit
Museum
Gaststätte
Fahrradreparatur
Fahrradverleih
Übernachtungsmöglichkeit
Freibad

# Den Sprung wagen und ... genießen

# Den Sprung wagen und ... genießen

TIM TRÖGER

Was machen wir am Wochenende? – Wenn das Jahr seine ersten und kalten Monate hinter sich lässt, schmieden die Leipziger Pläne für Ausflüge ins Grüne. In den letzten Jahren sind viele innerstädtische Erholungsgebiete so attraktiv und populär geworden, dass kaum ein Wunsch offen bleibt. Und die meisten liegen in einer Entfernung, die sich bequem per Fahrrad zurücklegen lässt. Immer öfter aber wollen sie raus aus der Stadt, haben Lust auf neue Entdeckungen. Dann ist die eingangs gestellte Frage schon schwerer zu beantworten. Fehlen die Ziele, die Wege zu ihnen oder die Werbung dafür? An Zielen mangelt es natürlich nicht, an guten Wegen dorthin schon eher und in eine Werbung dafür – die erste nach Jahrzehnten! – lesen Sie sich gerade hinein.

Was haben Leipziger Land und seine Geschichte einem Ausflügler also nun zu bieten? Nichts ist auf den ersten Blick unspektakulärer als eine eierkuchenebene Landschaft wie die Leipziger Tieflandsbucht. Die hier anzutreffenden ertragreichen Böden haben schon vor Jahrtausenden Ackerbauern und Viehzüchtern gute Bedingungen geboten. Für große, ausgedehnte Wälder blieb da kein Platz. Urwüchsig und der Erholung vorbehalten blieben vor allem die Gebiete der Flussauen von Weißer Elster, Pleiße, Parthe und Luppe. Die reizvollen Auenlandschaften, kleinere Wälder wie die Harth oder die

Ausflugsgesellschaft in der Harth, um 1910

Sonntäglicher Ausflugsverkehr an der Haltestelle Oetzsch, um 1910

reichhaltigen Angebote einer alten Kulturlandschaft genügten jedoch, die Städter an schönen Tagen zu Zehntausenden hinauszulocken – mit dem Zug, zu Fuß, per Paddelboot und zunehmend auch mit dem Fahrrad. Eduard Gaeblers „Radsport-Spezialkarte von Leipzig und Halle und weiterer Umgebung“ fand reißenden Absatz. Doch später wurden auch diese Erholungslandschaften dezimiert, entdeckte man doch genau hier die vielseitig einsetzbare Braunkohle in Massen. Deren Abbau hinterließ bis Ende des 20. Jahrhunderts die viel zitierten Mondlandschaften um Leipzig, die sich immer weiter auf die Stadt zu bewegten. Diese dramatische Entwicklung führte nicht nur zur Vernichtung zahlreicher Orte, zur Entwurzelung vieler Menschen und zur Verlegung von Verkehrswegen und Flüssen, sondern auch zum Abbrechen gewohnter Ausflugsrouten und -ziele. Selbst dort, wo die Bagger nicht kreischten und Schlote nicht qualmten, veränderte sich das Landschaftsbild nach rein ökonomischen Gesichtspunkten. Felder wurden zusammengelegt, Raine beseitigt und so fuhren die Landmaschinen ungebremst bis zum Horizont. Unter Freizeitgesichtspunkten führte diese Entwicklung im Leipziger Land zu einem geografischen Kuriosum: Das bisher ebene Umland kannte plötzlich Berge in Form von Halden und

Gaeblers Radwanderkarte von 1920

Verkippte Flächen des Tagebaus Espenhain, um 1980

Täler in der Gestalt von Tagebaurestlöchern. Leipzig lag gleichsam als Insel in der Ödnis, die wiederum von heiler Welt umgeben war. Wem die innerstädtischen Freizeitziele wie Auensee und Kulkwitzer See, Clara-Zetkin-Park und Elsteraue nicht genügten, der musste gleich einen Sprung vollführen zur Mulde, ins Kohrener Land, ins Saaletal oder zur Elbe bei Dessau. Am einfachsten war dieser Sprung über die Kluft der Kohle und der ausgeräumten Landschaft per Bahn oder Auto zu bewältigen, auch weil diese Verkehrsmittel verschließbare Fenster hatten, und man so nicht den ungefilterten Ausdünstungen der Karbochemie zum Opfer fallen konnte. Leider und zu Recht geriet Leipzig in den Ruf einer dreckigen Stadt mit hässlicher Umgebung und selbst eingefleischte Leipziger blickten heimlich seufzend gen Dresden, das zwar immense Kriegszerstörungen erlitt, aber von einer herrlichen Landschaft umgeben ist. Traditionelle Ausflugsziele wie der Harthwald, die Gosenschänken, die Biergärten an der südlichen Elster, die Parthendörfer usw. waren nur noch schwer erreichbar oder existierten nicht mehr.

Doch das Leipziger Land hat sich in den letzten 15 Jahren in einem atemberaubenden Tempo verändert. Ausgelöst durch die politischen und wirtschaftlichen Veränderungen seit 1989

Im Jahr 2000 eröffneter Radweg durch die Bergbaufolgelandschaft am Cospudener See

brachen mit dem Niedergang der Industrie auch der Braunkohlenabbau und deren Verarbeitung weitgehend zusammen. Ökonomisch ein Desaster, ökologisch eine Freude, atmen die Stadt Leipzig und ihr Umland heute weitgehend saubere Luft, sind die Flüsse wieder klarer und erholt sich die geschundene Natur zusehends, auch mit starker Hilfe des Menschen. Mit einem gewaltigen Aufwand verwandeln sich ehemalige Kohleabbaugebiete vom Inbegriff der Apokalypse zu blühenden Landschaften im floristischen Sinne. Wie nach einem operativen Eingriff verheilen die Wunden rund um die Messestadt und wird das „zusammengenäht", was unsere Großeltern noch verbunden kannten: das Leipziger Land als grüne Kulturlandschaft. Dabei ist das verloren gegangene Bild der kleinen Auendörfer mit mäandernden Flüssen weder restaurierbar noch angestrebt. Vielmehr entsteht im Zeitraffer eine Landschaftserfindung, die sich die Narben der letzten Jahrzehnte zunutze macht, um sie als neue Elemente einzuflechten in die Rudimente der Vergangenheit.

Und plötzlich sprechen alle von der grünen Stadt, pilgern in Scharen in die Auen, gondeln auf Booten über Flüsse und Kanäle und rollen mit dem Rad so weit es geht. Ehemalige Tabuzonen wie die Kohlegruben stehen als Ausflugsziele heute

Wegweiser zu neuen Zielen am Cospudener See

Jährliche Frühjahrsradtour ins Leipziger Land, veranstaltet vom Allee-Center Leipzig

gleichberechtigt neben Schlössern und Burgen, die auch nicht mehr nur alt sind, sondern oft in frischem Glanz erstrahlen. Die allerorten anzutreffenden Zeugnisse der industriellen Vergangenheit verbinden eine morbide Erinnerung mit der Aussicht auf baldige neue Freizeitziele. Nach Jahrzehnten der Stagnation kennt die Neugier keine Grenzen.

Trotz der massiven Motorisierung in den neunziger Jahren erlebte das Fahrrad eine Renaissance. Zahlreichen anfänglichen Widrigkeiten zum Trotz treten immer mehr in die Pedale und eine Sonntagsfahrt zum Cospudener See ist oftmals die Einstiegsdroge, um auch zur Arbeit per Rad zu fahren. Begünstigt wird dies durch die geografische Plattheit des Leipziger Landes und den Bau von Radwegen und erlebnisreichen Radrouten. Die Kombination aus einer zunehmenden Zahl an Ausflugszielen und deren guter Erreichbarkeit quasi von der Haustür aus, lässt viele auf den Sattel steigen und hinter den Horizont schauen. Die Lust am Radfahren und die Lust auf Entdeckungen gehen hier eine bemerkenswerte Symbiose ein. Der Trend zum Radfahren wurde im Leipziger Land erkannt und wird von den Städten, Gemeinden und Landkreisen unterstützt. So wurde von der Stadt Leipzig ein Routennetz erar-

Radausflüge sind etwas für Genießer

beitet, bei dem alle aus der Stadt führenden Strecken auf Ziele im Umland gerichtet sind. Nach Abstimmungen mit den Planungen der angrenzenden Landkreise liegt somit die Basis für ein künftig attraktives Wegenetz im Leipziger Land vor. Die erfreulichen Ergebnisse der jüngsten Fahrradklimatests bestätigen diese Bemühungen.

Auf dem Elster-Radweg unterwegs nach Spanien – von Berlin nach Santiago de Compostela

Radfahren kann auch anstrengend sein. Erleichterung bringt hierbei die Bahn, denn die meisten Radtouren berühren nicht nur am Ziel einen Haltepunkt, sondern auch unterwegs. So ist es mit dem Fahrplan im Gepäck möglich, nach Lust und Laune Touren erst außerhalb der Stadt zu beginnen oder glücklich erschöpft per Bahn heimzurollen. Die kostenlose Fahrradmitnahme von und zu allen dargestellten Haltepunkten und kurze Taktzeiten machen die Entscheidung leichter.

Natürlich liegen die größten Attraktionen des Leipziger Lands nicht gleichmäßig um die Stadt verteilt. Dennoch reichen die Tourenempfehlungen dieses Buches ganz bewusst in alle Richtungen, um auch weniger Bekanntes ins Blickfeld zu rücken. Wer sich auf dieses Abenteuer einlässt, merkt schnell, dass das Leipziger Land alles andere als eine homogene Landschaft ist und dass es oft die kleinen oder auch kuriosen Dinge sind, die eine Radpartie erlebnisreich machen.

Wenn man sich für die Zukunft etwas wünschen darf, dann sind es vor allem zwei Dinge: Erstens, dass unter den vielen Möglichkeiten, mit dem Rad übers Land zu fahren, einige Herausragende zum Klassiker werden, wie die umnutzbare Bahnstrecke nach Lützen und weiter bis zur Saale, womit sich schnell und bequem ins Saale-Unstrut-Gebiet mit seinen touristischen Angeboten fahren ließe. Zweitens, dass die Landesgrenze zwischen Sachsen und Sachsen-Anhalt aus den Köpfen verschwindet und es normal wird, mit dem Fahrrad zwischen Halle und Leipzig entlang der Elster zu fahren und die reizvolle Aue auf voller Länge zu erkunden.

# Auf der Route der Visionen zur Goitzsche bei Bitterfeld

# Auf der Route der Visionen zur Goitzsche bei Bitterfeld

## TOUR 1

### HINWEISE FÜR RADLER

| | |
|---|---|
| TOUR-EMPFEHLUNG | Ab Leipzig Hauptbahnhof, über Wiederitzsch Richtung Delitzsch, durch das Naturschutzgebiet Goitzsche bis Bitterfeld. Die Radler erwarten jungfräuliche Bergbaufolgelandschaften, moderne Landschaftskunst und entstehende Seen. |
| LÄNGE DER TOUR | 49,9 km |
| SCHWIERIGKEITSGRAD | Eine ideale Tour durch ebenes Gelände, die über ein teilweise komfortabel ausgebautes Radwegenetz mit schön gestalteten Rastplätzen (außer in und um Delitzsch) führt. Der Verlauf der Strecke ist auch für Familien und Senioren geeignet, allerdings ist die Streckenlänge zu beachten. Es besteht die Möglichkeit durch den Regionalverkehr der DB zu variieren. Der Ausschilderung kann man mühelos folgen. |

### TOUR-ÜBERBLICK

| | |
|---|---|
| 0,0 | Hauptbahnhof, über Gerberstraße, Eutritzscher Straße auf die Delitzscher Straße (Radweg) nach |
| 4,2 | Wiederitzsch |
| 5,7 | Kreuzung der Autobahn A 14 |
| 8,0 | Kreuzung der Zufahrt zum Schladitzer See |
| 12,4 | Lemsel |
| 13,6 | Zschortau, Hauptstraße bis Bahnhof, durch Unterführung Richtung Selben |
| 16,5 | Selben, immer der Hauptstraße folgen, Zschepen, Döbernitz durchfahren |
| 20,1 | OE Delitzsch |
| 21,9 | Markt Delitzsch, die Rosenthaler und Hallesche Straße entlang fahren, rechts auf B 183a einbiegen und ihr folgen |
| 26,5 | links abbiegen, B 184, Richtung Benndorf |
| 29,0 | OE Benndorf, Ort durchfahren, kurz vor Ortsausgang rechts Steigung Richtung Tagebaulandschaft |
| 30,5 | Wanderparkplatz (grüner Strich auf weißem Grund) |
| 34,2 | Abzweig links gekennzeichnet (grün-blau), Paupitzscher Eck (blaue Wegmarkierung), großer Goitzsche-Rundweg |
| 34,9 | Rastplatz |

Zschepen
Selben
B 184
Hohenroda
Wölkau
Brodau
Strengebach
Lober
Krensitz
Leine
Mocherwitz
Zschortau
Brode-
naundorf
Kreuma
Lemsel
Krostitz
Kletzen
Wolteritz
Rackwitz
Zschölkau
Mutschlena
Schladitzer
See
B 2
Hayna
Podelwitz
Göbschelwitz
B 184
Hohenheida
Seehausen
Breitenfeld
Leipzig-
Mitte
BMW
Leipzig
Messegelände
Plaußig
Parthe
Cradefeld
Plosen
Graßdorf
Mockau
Portitz
Wahren
Thekla
Möckern
Abtnaundorf
Eutritzsch
B 6
A 14
Leipzig
Nordost
Gohlis
Schönefeld
B 87
LEIPZIG
Paunsdorf
B 6
Leutzsch
Anger-
Crottendorf
Stünz
Mölkau
Schleußig
Plagwitz
B 2

Leine
Mulde
Greppin
B 184
Friedersdorf
Mulde-
stausee
BITTER-
FELD
B 100/B 183
Mühlbeck
B 183
ndersdorf
Pouch
Goitzschesee
cherndorf
Holzweißig
B 184
Seelhause
Paupitzscher
See
tzsch
Peters-
roda
Neuhäuser
See
Sausedlitz
Lober-Leine-Kanal
Serbitz
Benndorf
Laue
Zaasch
Rödgen
Po
83a
Schenken-
berg
Werben
B 183a
Storkwitz
B 183a
DELITZSCH
Kyhna
Beerendorf
Brinn
Gertitz
Döbernitz
Quering
Zschepen
B 184
Selben
Lissa
Brodau
Strengebach
Lober
Moche
Grabschützer
See
Werbelliner
See
Zschortau
Brode-
naundorf
Kreuma
Lemsel
Zwochau

| | |
|---|---|
| 35,9 | Goitzsche-Wächter |
| 36,9 | Arboretum |
| 38,2 | Gänseblick, Goitzsche-Waldparkplatz |
| 42,1 | Bitterfelder Stadion, weiter Mulde-Aueweg (grüne Strichmarkierung) |
| 43,1 | Abzweig rechts, Radwanderkarte mit Hinweis Bahnhof |
| 44,7 | Pegelturm |
| 48,0 | Mühlbeck |
| 48,8 | Agora-Zugang (Halbinsel Pouch) |
| 49,9 | Ziel Roter Turm |

Ein lauschiges Plätzchen im Paupitzscher Forst

Schaufelrad am ehemaligen Tagebau Delitzsch Süd-West

# Auf der Route der Visionen zur Goitzsche bei Bitterfeld

SIEGFRIED RABENHORST

Straßenbahn 16 bis Neue Messe
Zug Leipzig–Bitterfeld

Eckhardt-Fahrradstation am Hauptbahnhof Leipzig
Parkhaus West
(0341)-9 61 72 74

Abb. S. 14/15: Detail des Objektes „Die Haut“ von Hartmut Renner im Nordteil der Halbinsel Pouch

Bitterfelder Land. Ein Land, das ferne leuchtet. Eine Vision? Immerhin ist die neue Goitzsche eines der größten Landschaftskunstprojekte der Welt. Als „Kulturlandschaft Goitzsche“ ging sie in die EXPO-Geschichte ein. Und auch beim Mulde-Hochwasser vom August 2002 machte sie Schlagzeilen. Auf ins Bitterfelder Land also! Erleben Sie Vision und Wirklichkeit in einer Landschaft, beeindruckend und faszinierend, wann immer Sie Ihr Fahrrad satteln. Wie vielerorts in der Leipziger Umgebung wurde auch im Bitterfelder Land Bergbaugeschichte geschrieben. Im Sanierungsgebiet Goitzsche wurden von 1908 bis 1991 Braunkohle abgebaut, insgesamt 6 000 ha Landschaft in Anspruch genommen, devastiert und wieder neu aufbereitet für künftige Menschengenerationen. 1 275 Milliarden Kubikmeter Abraum mussten bewegt werden, um runde 500 Millionen Tonnen Kohle zu gewinnen.
Die Strecke bis Delitzsch kann man von Leipzig kommend zügig durchfahren. Der Leipziger Nordraum ist geprägt von neuer Infrastruktur, Gewerbeansiedlungen und Eigenheimkonglomeraten aus jüngerer Zeit. Unser Interesse gilt dem entstehenden **Schladitzer See,** der sich zur linken Seite der Fahrstrecke entlangzieht. Seit 2003 wird das Tagebaurestloch am Ostufer schon öffentlich genutzt. Erst 2012 wird aber sein Endwasserspiegel erreicht sein. Durch die Loberaue führt

der Weg nach Lemsel. Beim Durchfahren von **Zschortau** grüßt die Dorfkirche St. Nikolai mit ihrem spätgotischen Turm. Bemerkenswert ist ihr restaurierter vierflügliger Altarschrein von 1517. In **Selben** fällt die Bockwindmühle von 1753 ins Auge, die ein weitgehend intaktes Mahlwerk aufweist. Auch die Loberaue südlich von Delitzsch mit hochwertigen Biotopkomplexen hat ihre Reize, da sie sich deutlich abhebt von der wenig gegliederten Landschaft dieser Region.

In **Delitzsch** locken museale Einrichtungen zu einem Besuch. Beispielsweise das Museum im Schloss mit vielen Sachzeugen aus umliegenden devastierten Orten und das Schulze-Delitzsch-Haus in der Kreuzgasse 10. Der Ur-Liberale und Begründer des modernen Genossenschaftswesens Hermann Schulze-Delitzsch machte seine Heimatstadt weit über ihre Grenzen hinaus berühmt. Sie durchfahren die Stadt in nördlicher Richtung und biegen von der Hauptstraße (B 184) rechts nach **Benndorf** ab. Am nördlichsten Ende von Benndorf liegt der Wanderparkplatz. Er markiert gleichzeitig den südlichen Rand der Goitzsche. Nun können die Radler der Wegemarkierung „grüner Strich auf weißem Grund“ nach Osten folgen.

St. Nikolai in Zschortau

Schloss Delitzsch
Museum im Schloss
Tel.: (034202)-6 72 08

Schulze-Delitzsch-Haus
Kreuzgasse 10
Tel.: (034202)-6 38 64

Schloss Delitzsch

Am Neuhäuser See

Baron Fahrrad
Bitterfelder Straße 7
04509 Delitzsch
Tel.: (034202)-6 36 36

Waldcamping am
Muldenstausee
06774 Schlaiz
Tel.: (034955)-2 05 71

Findling am Paupitzscher Eck

Bald ist das Bodendenkmal „Schwedenschanze" erreicht. Von der ehemaligen slawischen Ringwallanlage ist allerdings kaum noch etwas wahrnehmbar. Nicht zu übersehen ist wenig später dagegen der sich langsam füllende **Neuhäuser See.** 2020 soll er vollständig geflutet sein. An seinen Böschungen ist in den letzten Jahren umfangreich saniert worden. Auch die ehemalige Rackwitzkippe, eine Deponie von aluminiumhaltiger Salzschlacke des ehemaligen Leichtmetallwerkes Rackwitz, wurde durch Umlagerung und Abdichtung saniert. Der Neuhäuser See ist die südlichste der Wasserflächen, die im Goitzsche-Verbund insgesamt über 23 $km^2$ betragen werden. An den Braunkohleabbau erinnert auch die überbreite Wegtrasse, auf der einst Tagebaugroßgeräte bewegt wurden. Vorbei am inzwischen sauber beräumten ehemaligen Schwellenplatz gelangt man zum **Paupitzscher Eck.** Der Name erinnert an das 1981 überbaggerte Dorf Paupitzsch. Ein eisernes Kreuz und ein Gedenkstein (liegen nicht an der Strecke) erinnern an den Ort. Am Paupitzscher Eck gibt es für Ausflügler eine Schutzhütte, vor der mächtige Findlinge

postiert sind. Auch solche Geschiebe der Eiszeiten, die bis zu 45 t wiegen, wurden aus den Tagebauen gefördert.
Das nahe gelegene Restloch ist der **Paupitzscher See.** Seine Böschungen überließ man wie auch beim Ludwigsee und teilweise beim Holzweißiger Ost-See nach der Auskohlung sich selbst, so dass wegen Rutschungsgefahr eine Absperrung der gefährdeten Bereiche vorgenommen werden musste. Dafür konnten sich Flora und Fauna in dieses Zonen ungestört entwickeln. Viele solcher Gebiete der Goitzsche stehen daher heute unter Naturschutz.
Der grünen Strichmarkierung des „Benndorfer Ringes" hat sich inzwischen die blaue Wegemarkierung des „Großen Goitzsche-Rundweges" zugesellt, die nun bis nach Bitterfeld der Wegbegleiter ist. Zunächst geht es aber in südwestliche Richtung, wo nach ein km die **Goitzsche-Wächter** warten. Sie gehören zu den markantesten Landschaftskunstwerken der Goitzsche. Zehn wehrhafte „Eisenkerle" wachen über die Goitzsche, mahnen die Besucher zu Vernunft und Einsicht bei der ökologisch akzentuierten Neugestaltung der Landschaft. Anatol Herzfeld ist der Schöpfer der Wächter und der magischen Steine, die zu einem Kreis um die Wächter angeordnet sind. Die Findlinge mit eingemeißelten Botschaften und Vi-

„Goitzschestübchen"
Ratswall 22
Tel.: (03493)-92 20 07

Bearbeiteter Findling bei den Goitzsche-Wächtern

Eiserne Wächter der Goitzsche

sionen von Kindern der Sekundarschule Holzweißig erzählen von der Wandlung des Ortes und der Landschaft.
Vom nahe gelegenen Hochstand hat man einen schönen Ausblick auf den Paupitzscher See. Nach einem weiteren Kilometer erreicht man das „Arboretum“. Unterstände und Bänke laden zur Rast und zum Schauen und Staunen über den Artenreichtum an Gehölzen, die in der Goitzsche vorkommen. Mit viel Liebe haben Forstangestellte und geförderte Arbeitskräfte dieses Kleinod vor wenigen Jahren geschaffen. Der „Gänseblick“ existiert dagegen nur noch auf Landkarten. Die gleichnamige Schutz-und Schauhütte, mit Infotafeln ausgestattet, wurde ein Opfer der Flammen. Unbeeindruckt davon fliegen die Gänsescharen auf den nahen **Ludwigsee** (Flutungsabschluss erst 2050) ein, um mit Geschnatter irgendwann wieder zu neuen Zielen zu starten. Ganz in der Nähe, auf einem Ausläufer der **Holzweißiger Halde,** entstand vor einigen Jahren ein Ausguck. Stufen führen hinauf zum „Ludwigseeblick“. Da die umliegenden Bäume ihr Wachstum seither aber nicht einstellten, muss man schon sehr den Hals recken, um in der Ferne den Ludwigsee zu erkennen. Sein Name stammt von der ehemaligen Kohlengrube „Ludwig“, aus der bis 1928 Kohle gefördert wurde. Weiter nordöstlich der blauen Wegemarkierung folgend geht es dann durch den „Schlauch“, wie die Bergleute die enge Stelle zwischen den Halden einst nannten. Nach zwei km gelangt man in einer Senke ganz nah an den **Holzweißiger Ost-See.** Bis zur Wende wurde hierhinein die Asche des Kohlekraftwerkes, „Karl Liebknecht“ verspült. Nacheinander erreicht man den Goitzsche-Waldparkplatz und die Stadtwaldpromenade von **Bitterfeld.** Angelegte Rabatten locken zum Schauen, Schutzhütten und Bänke zum Ausruhen und ein aufgebockter Mooreichenstamm zum Staunen. Doch da ist ja noch der Bernstein. Heute erinnert der Bernsteinweg, auf dem es weitergeht zum Pegel-

Radweg am „Schlauch“

Edelstein-Schauschleiferei
im Kulturpalast Bitterfeld
Zörbiger Straße
Tel.: (03493)-7 26 19

Kreismuseum Bitterfeld
Bernsteinausstellung
Kirchplatz 3
Tel.: (03493)-40 11 13

Kreismuseum
und Kirche Bitterfeld

turm und nach Pouch, an das verfestigte, fossile Harz einstiger Nadelwälder. Bernstein wurde bereits im Mittelalter an verschiedenen Orten der Dübener Heide und im Bitterfelder Raum gefunden. Von 1975 bis 1993 wurden bei Bitterfeld über 400 Tonnen des begehrten Harzes bergmännisch abgebaut. Hunderte Tonnen Bernstein liegen noch auf dem Goitzschegrund, wissen die Geologen. Vom Wasser des Goitzschesees bedeckt bleibt er für allezeit unzugänglich. Im Bitterfelder Museum am Markt wurde vor einigen Jahren eine sehenswerte Bernsteinausstellung eröffnet. Das Bernsteinzimmer lässt grüßen. Ein Besuch lohnt sich.

Doch weiter zum **Pegelturm** und nach Pouch. Am Bitterfelder Stadion hält man sich nach rechts (ostwärts), dann bei Auftreffen auf den Weg nach links einbiegen. Auf dem Bernsteinweg geht es dank der neuen Asphaltdecke gut voran. Nahe der Berliner Straße wird die grüne Strichmarkierung des Mulde-Auweges nun zum Wegbegleiter. Bald ist der Pegelturm erreicht. Der schwimmende Turm mit seinem als Seebrücke ausgeführten Zugang ist eine Landmarke. Wolfgang Christ aus Weimar entwarf die im Juni 2000 errichtete Landmarke. Die Seebrücke ragt 190 m in den **Goitzschesee**, auch Bitter-

„Zur Becherwette"
Äußere Dübener
Landstraße 15
Tel.: (03493)-5 53 01

„Zur Schiffsmühle"
Schiffsmühlenweg 21
Pouch
Tel.: (03493)-5 51 07

Bitterfelder Bernstein

Zweckverband Bergbau
Folgelandschaft Goitzsche
Pouch,
Am Tannenweg 13 d
Tel.: (03493)-51 13 60
www.agora-goitzsche.de

Seebrücke und Pegelturm

Die „Sandbank“ erinnert an die Helfer der Flut.

felder Meer genannt, hinein. Beide wurden so konzipiert, dass sie mit der Höhe des Wasserspiegels aufsteigen. Zwei Wendeltreppen mit 142 Stufen führen den Besucher um den nichtrostenden Stahlkern herum auf eine Höhe von 26 m. Der Turm spiegelt im Wasser die Tiefe des Sees wider. Von oben kann der Blick ins weite Land schweifen.

Gleich nach dem Turm folgt das Einlaufbauwerk des Sees. Bis zu einem Pegel von 75 m NN strömt Muldewasser hinein. Der Ablauf in die Leine bei Bitterfeld muss noch gebaut werden. Der Mulde-Radweg führt nun ganz nah an **Mühlbeck** vorbei. Wer einen Besuch des Buchdorfes mit seinen 15 Läden (zusammen mit **Friedersdorf**) vor hat, der sollte 500 m nach dem ersten Haus (links) nach links abbiegen. Zu den „Schnapsdaten“ wie 3. 3., 4. 4. und 5. 5. gibt es im Buchdorf besondere Veranstaltungen wie Lesungen, Theateraufführungen oder Musikfeste.

Holzplastik in Mühlbeck

Nächstes und letztes Ziel der Tour ist die **Halbinsel Pouch** mit ihren einzigartigen Kunstobjekten, die hier zwischen September 1999 und Mai 2001 von international bekannten Künstlern und arbeitslosen Bergleuten errichtet wurden. Bald erreicht man mit dem Parkplatz Zugang zur „Agora“, einer Arena für 4 000 Zuschauer, nach antikem Vorbild und in Form eines menschlichen Ohrs gebaut. André Bossard schuf zusammen mit dem Büro Knoll Ökoplan diesen Veranstaltungsort. Das

Föderverein Buchdorf
Mühlbeck-Friedersdorf
Mühlbeck, Dorfplatz 61
Tel.: (03493)-95 00 43
www.buchdorf.de

„Agora“ auf der Halbinsel Pouch

Landschaftsbild der Halbinsel lockern auf 15 ha außerdem 8 Hügel und 49 Haldenkegel der Franzosen Marc Babarit und Gilles Bruni auf, belegt mit Materialien aus dem Tagebau. Zenon Polus schuf ein Labyrinth aus 3,50 m hohen Mauern. Hartmut Renner gestaltete im Nordteil der Halbinsel auf einer Länge von 1,7 km 30 Flächen mit unterschiedlichen Materialien wie Sand, Schotter oder Metall. Als Reminiszenz an den alten Muldelauf schuf Herman Prigann auf 1,0 km Länge eine durchgehende Welle. Ihr folgen Sie bis zum Roten Turm und Schloss Pouch. Nehmen Sie die Fahrräder mit auf den Burghügel, indem Sie nach links über die kleine Brücke einbiegen. Der Rote Turm entstand als Wehrturm im 13. Jahrhundert. Das heutige Schloss ist aus dem 18. Jahrhundert. In seinen Mauern betreibt der Landkreis Bitterfeld die sehenswerte Ausstellung „Land gewinnen“ zur Kulturlandschaft und Erlebniswelt Goitzsche. Das Ziel ist erreicht, wenn Sie den herrlichen Rundblick vom Roten Turm aus genossen haben. Bei klarem Wetter erkennt man am Horizont die Hohburger Berge, den Collm und die Hochbauten von Leipzig.

Roter Turm in Pouch

# Heideluft, Moorbad und gutes Bier – von Leipzig nach Bad Düben

## TOUR 2

# Heideluft, Moorbad und gutes Bier – von Leipzig nach Bad Düben

### HINWEISE FÜR RADLER

| | |
|---|---|
| TOUR-EMPFEHLUNG | Ab Leipzig Hauptbahnhof, über Neue Messe Richtung Seehausen, durch die Noitzscher Heide bis Bad Düben. |
| LÄNGE DER TOUR | 41,7 km |
| SCHWIERIGKEITSGRAD | Die Tour führt weitgehend über ebene, wenig frequentierte Landstraßen, allerdings ist sie dadurch auch sehr windanfällig. Aufgrund des einfachen und klaren Streckenverlaufs sowie einer angemessenen Streckenlänge ist die landschaftlich schöne Tour auch Familien und Senioren zu empfehlen. Bei der Streckenplanung sollte allerdings der Heimweg per pedes einkalkuliert werden, da die Rückfahrt nach Leipzig nur per Bus mit minimaler Transportkapazität möglich ist. |

### TOUR-ÜBERBLICK

| | |
|---|---|
| 0,0 | Hauptbahnhof, Ausschilderung Richtung Neue Messe folgen, Querung der B 2 |
| 7,0 | Neue Messe |
| 8,7 | Seehausen, BMW-Allee links Richtung Hohenheida |
| 11,3 | Hohenheida |
| 15,7 | Mutschlena |
| 18,7 | Krostitz, Priester |
| 22,0 | Kupsal |
| 22,9 | Boyda |
| 26,0 | Großwölkau, in Kleinwölkau rechts halten Richtung Krippehna |
| 29,1 | Krippehna |
| 32,2 | Noitzsch, erster Abzweig links in die Noitzscher Heide, aus dem Wald heraus erster Feldweg rechts (Mühlenrundwanderweg) |
| 37,2 | Glaucha |
| 37,9 | Abzweig rechts auf den Heidesteg |
| 41,7 | Bad Düben |

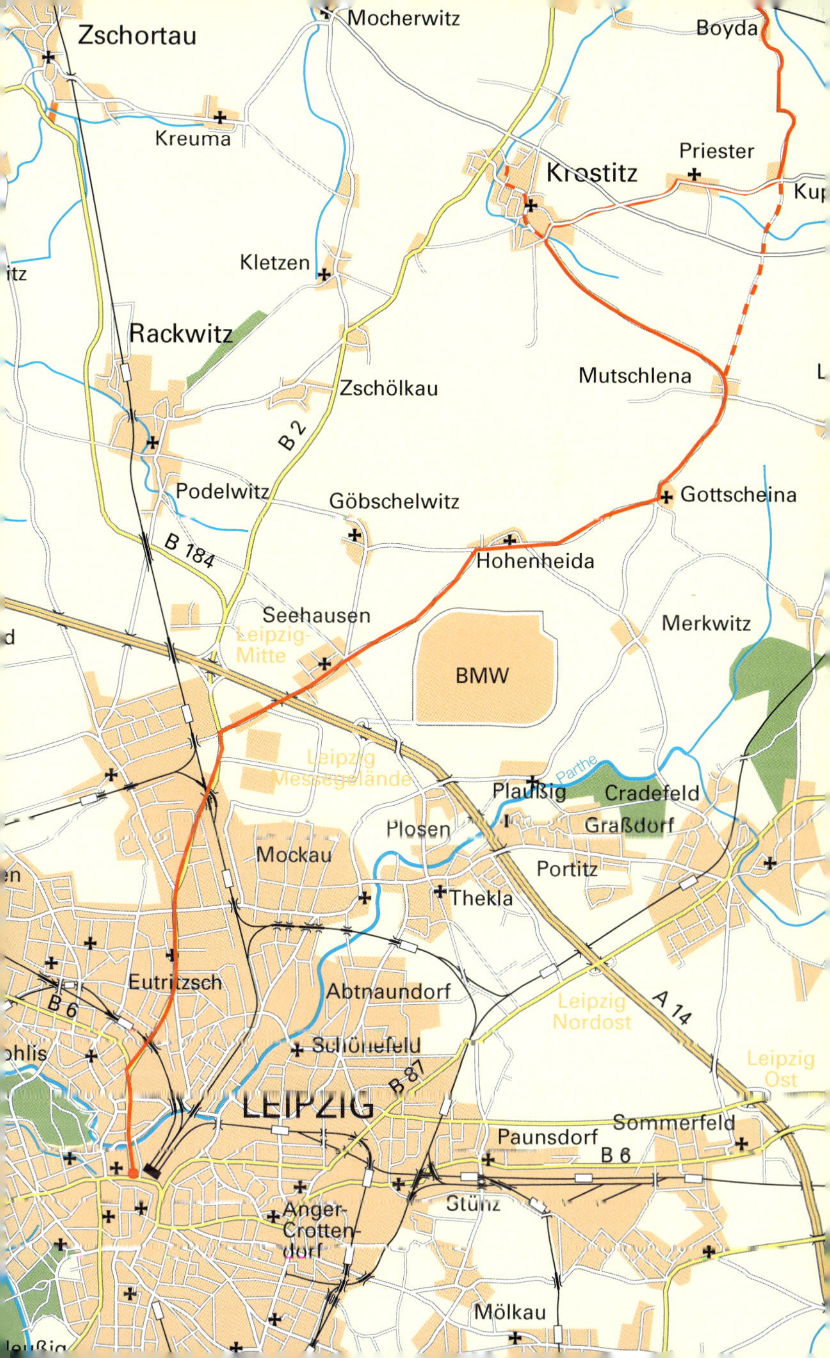
Zschortau
Mocherwitz
Boyda
Kreuma
Priester
Krostitz
Kletzen
Rackwitz
Zschölkau
Mutschlena
B 2
Podelwitz
Göbschelwitz
Gottscheina
B 184
Hohenheida
Seehausen
Leipzig-Mitte
Merkwitz
BMW
Leipzig Messegelände
Parthe
Plaußig
Cradefeld
Graßdorf
Plosen
Mockau
Portitz
Thekla
Eutritzsch
B 6
Abtnaundorf
Leipzig Nordost
A 14
Schönefeld
B 87
Leipzig Ost
LEIPZIG
Sommerfeld
Paunsdorf
B 6
Stünz
Anger-Crottendorf
Mölkau

Mulde
Roitzschjora
Löbnitz
Tiefensee
Schnaditz
Ba
Zschernegraben
Prellheide
B 183a
Wellaune
Pristäblich
Reibitz
B 2
Glaucha
Scholitz
Rohrgraben
nnewitz
witz
Badrina
B 107
Hohen-
prießnitz
B 2
Leine
Noitzsch
Lindenhayn
Schadebach
Rohrgraben
Gollmenz
Krippehna
Göritz
nroda
Kleinwölkau
Großwölkau
ensitz
Leine
Naundorf
Boyda
Rödgen
Priester
Krostitz
Kupsal
Kospa-Pressen

# Heideluft, Moorbad und gutes Bier – von Leipzig nach Bad Düben

WOLF-DIETRICH ROST

Glasfenster in der Krostitzer Brauerei

Nördlich von Leipzig, zwischen Mulde und mittlerer Elbe, befindet sich der 2000 km² große Naturpark Dübener Heide. Das südliche Tor zu diesem geschlossenen Mischwaldgebiet ist die Stadt Bad Düben an der Mulde, die vor allem viele Leipziger als Tagesbesucher, Wochenendausflügler und manchmal auch als Kurzurlauber gern besuchen. Von hier aus lässt sich der Naturpark mit seiner einzigartigen Pflanzenwelt und den vielen Tieren, den Seen und Teichen, aber auch den Köhlereien, Töpfereien und Korbmachern, den uralten Kirchen und Fachwerkhäusern und den freundlichen Menschen der Heide mit dem Fahrrad wunderbar entdecken. Die Ebene zwischen Leipzig und Bad Düben gehört nicht zum Naturpark, ist aber mit ihren weiten Feldern, den saftigen Wiesen, einzelnen kleinen Wäldern und den überwiegend ländlich geprägten Dörfern mit kulturhistorischer Bausubstanz für eine Fahrradtour besonders erlebnisreich.

Straßenbahn 16 bis Endstelle Neue Messe

Sax-Bus, Linie 196, Fahrradmitnahme nach vorheriger Anmeldung unter (03423)-7 00 60

Als Ausgangspunkt dieser Strecke nach Bad Düben eignet sich in besonderer Weise die **Neue Messe** im Norden der Stadt, da diese durch Straßenbahn und Bahn sehr gut erschlossen ist und auch ausreichend Parkplätze für Autos vorhanden sind. Das mit mehreren Architekturpreisen ausgezeichnete und 1996 eröffnete Ensemble wurde in nur 28 Monaten für 1,33 Milliarden DM auf den ehemaligen Rollbahnen des Flughafens

Abb. S. 28/29: Neue Brücke über die Mulde bei Bad Düben

Glashalle der Neuen Messe

Leipzig-Mockau errichtet. Besonders die aufsehenerregende Gestaltung der 30 m hohen Glashalle der Hamburger Architekten Gerkan Marg & Partner beeindruckt immer wieder. Links neben der Glashalle befindet sich das Congress Center, vor dem der Radweg zur Straße hoch und dann weiter nach **Seehausen** führt. Der Weg unterquert die 1935 bis 1938 errichtete Autobahn zwischen Halle und Leipzig, die heutige A 14, die in den 1990er Jahren in diesem Bereich sechsspurig ausgebaut wurde. Seit dem 1. Juli 1997 ist Seehausen nach Leipzig eingemeindet. Deutsche Siedler haben nach 1150 den Ort als Straßenangerdorf angelegt, was noch heute an der Anordnung der Drei- und Vierseithöfen zu erkennen ist. An der Seehausener Allee, auf der linken Seite, befindet sich das 1905 im Stil der norddeutschen Backsteingotik errichtete zweigeschossige Schulgebäude. Das älteste Gebäude von Seehausen ist die evangelische Pfarrkirche im Bereich des ehemaligen Angers, auf dessen Wiesenfläche bis Ende des 19. Jahrhunderts noch kleine Teiche zur Lehmgewinnung für den Hausbau vorhanden waren. Der Bautypus der Chorturmkirche und die Gesamtanlage stammen aus der Romanik und

„Jägerstube"
Seehausen,
Drosselweg 42
Tel.: (0341)-5 21 03 81

Büropark Seehausen

lassen die Entstehung der Kirche im 13. Jahrhundert vermuten, wobei es aus dieser Zeit kaum noch Ausstattungsmerkmale gibt. Die Kirche ist über eine kleine Vorhalle zugänglich, die 1876–1878 geschaffen wurde. Aus dieser Zeit stammt auch die Orgel von der Delitzscher Firma Eduard Offenhauer. Die Seehausener Allee führt weiter nach Hohenheida am neuen BMW Werk Leipzig vorbei. Am 7. Mai 2002 erfolgte im Beisein von Bundeskanzler Gerhard Schröder dafür der erste Spatenstich. Bis Frühjahr 2005 entsteht hier eine der modernsten Automobilfabriken der Welt mit den Kernfertigungsbereichen Rohbau, Lackiererei und Montage. 5 500 Arbeitsplätze im Werksgelände und eine Produktion von bis zu 650 Fahrzeugen pro Tag der 3er-BMW-Reihe sind geplant. Bei den Bauarbeiten wurden archäologische Funde gemacht, zu denen der mit 7 260 Jahren älteste hölzerne Brunnen Deutschlands. Er soll später einmal im Werk ausgestellt werden.

Seehausener Kirche

Baustelle des BMW Werkes bei Hohenheida

unten: Hohenheida, 1744

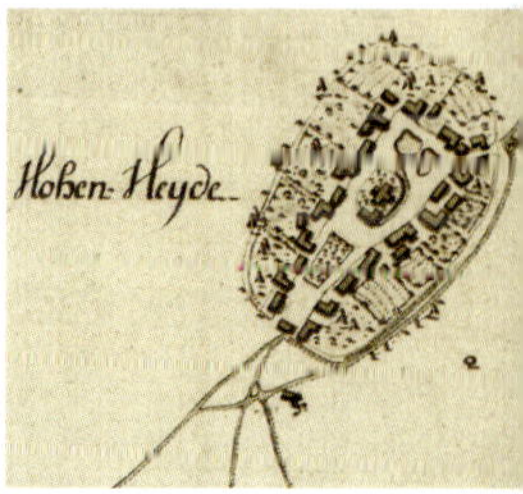


Das zwischen 600 und 900 als slawisches Runddorf entstandene **Hohenheida** gehört gleichfalls seit 1997 zu Leipzig. Seit 1438 hatte die Universität Leipzig die Lehensherrschaft über Hohenheida und die beiden benachbarten Dörfer Gottscheina und Merkwitz, die so genannten Universitätsdörfer. Der Rundanger mit ehemaliger Schule, Kirche mit umgebendem Friedhof, einstigem Gemeindehaus, Dorfteich und Ehrenhain für

Pause in Gottscheina

die Gefallenen des ersten Weltkrieges ist wesentlich weiter gefasst als in anderen Dörfern slawischen Ursprungs. Die im Kern romanische Pfarrkirche aus dem 13. Jahrhundert erhielt einen barocken Saalneubau, die Orgel von Urban Kreutzbach wurde 1855 eingebaut. Bemerkenswert sind die Glocken der Kirche, von denen die beiden kleineren aus dem 13. Jahrhundert und die große von 1440 stammen. Der Weg führt auf der Hauptstraße weiter in den äußersten Nordosten des Leipziger Stadtgebiets, zu dem **Gottscheina** seit 1997 gehört. 1305 wird es erstmals urkundlich erwähnt und ist wahrscheinlich im 8. Jahrhundert als slawische Siedlung entstanden. Das erweiterte Rundangerdorf hat seinen dörflichen Charakter noch nahezu unverändert bewahren können. Das Wohnhaus des Gehöftes Nr. 10 ist der älteste bekannte zweigeschossige Lehmwellerbau im Umland von Leipzig, seine Entstehung ist für das Jahr 1768 überliefert. Am Rundanger neben dem Quellteich erhebt sich die Pfarrkirche. Das romanische Fenster in ihrer Chorwand lässt auf einen frühen Ursprung der Kirche schließen. Der Turm ist eine Schenkung des Leipziger Maschinenfabrikanten Karl Krause, wurde in dieser Form 1892 errichtet und 1969 durch die Initiative der Bewohner vor dem Einsturz bewahrt. Die Straße Am Ring führt aus Gottscheina

Gasthof „Hohenheida“
Am Anger 42
Tel.: (034298)-6 84 10

Rundanger Gottscheina

Pflaumenallee zwischen Mutschlena und Kupsal

heraus nach **Mutschlena.** Die kleine Ortschaft gehört zur Gemeinde Krostitz und ist erstmals 1450 urkundlich erwähnt. Empfehlenswert ist nun ein kleiner Umweg über **Krostitz** mit seiner berühmten Brauerei. Der Name ist slawisch und bedeutet „Ort am Gehölz", was darauf hindeutet, das hier früher noch Wälder standen. Die ursprünglich spätromanische Dorfkirche St. Laurentius aus dem 13. Jahrhundert (Westturm und Taufstein erhalten) erhielt nach 1500 mit Um- und Neubau von Schiff und Chor ihre jetzige Form im gotischen Stil. Die Kirche befindet sich in dem ehemaligen Dorf Hohenleina. Nach Ende des 30-jährigen Krieges war der Ort völlig zerstört und verwaist. Nur die Kirche blieb erhalten. Im Turmkopf liegt eine Urkunde mit den Namen der Besiedler, die nach 1649 wieder Leben in das Dorf brachten. Krostitz war kleiner als Hohenleina, es bestand nur aus wenigen Häusern, der Malzfabrik und der Brauerei. Dennoch wurde 1938 Hohenleina nach Krostitz eingemeindet, wobei die Interessen der Brauerei sicher eine Rolle spielten. Seit 1534 wird in der Rittergutsbrauerei, die heute zur Radeberger Gruppe gehört, Bier gebraut. Herzog Georg von Sachsen verlieh dem Rittergut das Braurecht. Das Markenzeichen von Ur-Krostitzer ist ein Bild des Schwedenkönigs Gustav Adolf aus dem 30-jährigen Krieg.

Fahrradservice
Bahnhofstraße 30
Krostitz
Tel.: (034295)-7 12 31

Krostitzer Brauerei
Brauereistr. 12
Tel.: (034295)-77 60

Holländerwindmühle zwischen Kupsal und Priester

Am 6. September 1631 zogen die Truppen des Schwedenkönigs auf der von Düben kommenden Straße nach Leipzig. Bei einer Rast trank der Schwedenkönig Krostitzer Bier. Da er am anderen Tag die Schlacht bei Breitenfeld gegen die kaiserlichen Truppen gewann, verband der geschäftstüchtige Brauherr den Sieg mit seinem Bier und nannte es fortan Schwedenquell.

Zur Fortsetzung der Tour ist es ratsam, bis zur kleinen Kreuzung am Ortseingang zurückzufahren und dort in Richtung Eilenburg nach **Priester** weiterzufahren. Die Kirche des Ortes ist in der Zeit um 1500 aus Bruchsteinen und Backsteinen gebaut, danach durch zahlreiche Umbauten stark verändert worden. Erhalten geblieben ist der Turm, in ihm befinden sich zwei Bronzeglocken von 1686 und 1858. Hinter Priester befindet sich auf der rechten Seite die Turmwindmühle von **Kupsal,** 1848 als steinernes polygonales Bauwerk errichtet und 1960 stillgelegt. Nach 1985 wurde es als Wohngebäude umgebaut. Die Strecke führt weiter nach **Boyda,** das schon zu der neu gegründeten Gemeinde Schönwölkau gehört. Unmittelbar nach dem kleinen Straßendorf wird die Bahnlinie Delitzsch–Eilenburg überquert und in der nachfolgenden Kurve die Straße geradeaus (nicht nach rechts abbiegen) nach **Großwölkau** gefahren, das mit Kleinwölkau zusammen den Ort Wölkau

Schlossteich und Patronatskirche in Kleinwölkau

Barockschloß Schönwölkau

bildet. Wahrscheinlich aus dem 12. Jahrhundert stammt die Dorfkirche, die in einer parkähnlichen Anlage mit Pfarrhaus und Glockenträger steht. Auf Anraten seines Arztes kam der Poet, Fabel- und Liederdichter Christian Fürchtegott Gellert oft von Leipzig nach Wölkau geritten. Jährlich wird zu seinem Andenken im Herbst ein besonderer Gottesdienst gestaltet. Die Kirche wird auch gern Gellertkirche genannt. An ihren Wänden befinden sich sechs spätgotische Weihekreuze. Über einen kurzen Verbindungsweg erreicht man das benachbarte **Kleinwölkau**. Der kurfürstliche Kammerherr und Rittmeister Christoph Vitzthum von Eckstädt kaufte 1659 das Rittergut Wölkau und ließ im gleichen Jahr das Schloss errichten. Es wird heute gern für Konzerte genutzt. Eindrucksvoll ist der großzügige Schlosspark mit seinem alten Baumbestand. Da sich der Schlossherr eines Totschlages schuldig gemacht hatte und der Landesherr eine Sühne von ihm verlangte, ließ er deshalb die Patronatskirche von 1680 bis 1688 bauen. Als Baumeister der Kirche wird Johann Georg Steinböck aus Dresden genannt. Sie hatte schon in der Entstehungszeit bauliche Mängel, da die Kreuzgewölbe fehlerhaft ausgeführt waren und Feuchtigkeit im Bauwerk aufstieg. Im 18. und 19. Jahr-

Landgasthof „Böttge“
Schönwölkau, Kirchplatz 8
Tel.: (034295)-7 23 88

Patronatskirche Kleinwölkau
Parkstraße 11

Landstraße in Richtung Krippehna

Gasthof „Zum Stall"
Krippehna
Tel.: (03423)-60 59 37

Kirche St. Lukas in Krippehna

hundert traten erste Risse im Baukörper und im Gewölbe auf, 1969 brachen die ersten Gewölbe ein, die Kirche wurde unbenutzbar. 1994 erfolgte die Wiederherstellung von Turm und Außenmauern, das Kirchenschiff blieb allerdings ohne Dach. Am Landgasthof „Böttge" vorbei, der eine vorzügliche und preiswerte Küche hat, führt die Straße nach **Krippehna**. Schon von weitem ist der mächtige Kirchenbau der Dorfkirche St. Lukas aus dem 13. Jahrhundert zu sehen. 1768/69 wurde die barocke Haube errichtet. Im Inneren der Kirche befinden sich Figurengruppen zu biblischen Themen, gestaltet vom Pretscher Künstler Eckart Meisel. Fast am Ende des Dorfes führt als letzter Abzweig rechts der Noitzscher Weg weiter. In einer Senke kurz vor Noitzsch geht die Straße am Schadebachteich vorbei, der zur Fischzucht genutzt wird. **Noitzsch** war Vorwerk vom Rittergut Zschepplin, 1349/50 urkundlich als Nedesicz erwähnt. Eine Wassermühle ist auf dem Grundstück Hauptstraße 23 erstmals 1698 genannt und war bis 1960 in Betrieb. Auf der Straße nach Hohenprießnitz geht bereits nach ca. 300 m ein unscheinbarer Feldweg auf der linken Seite in die Noitzscher Heide hinein. Am Ende des Waldes, nach der kleinen Waldsiedlung, teilt sich der Weg. Zu empfehlen ist der Weg nach rechts in Richtung **Glaucha** bis zur Hauptstraße und auf dieser dann nach links weiter in Richtung Bad Düben. Der Ort besteht aus Oberglaucha, wo sich eine kleine Kapelle befindet, und Niederglaucha mit spätromanischer Chorturmkirche. Er wurde 1349/50 erstmals als Gluch urkundlich erwähnt, was stiller Ort oder undurchdringliches Dickicht bedeuten könnte. Die Kirche war Zentrum einer Klostergründung, ihr Turm hat zwei Glocken, die große mit der Jahreszahl 1488, die kleine ältere ist ohne Datum. Außerhalb des Ortes, auf dem Grundstück Dorfstraße 83, steht die 1748/49 errichtete Bockwindmühle Wolkwitz, die noch bis in die jüngste Vergangenheit zum Schroten genutzt wurde. Unmittelbar nach Glaucha, aber noch vor der Bockwindmühle, führt der ausgeschilderte Radweg durch Felder, teilweise an der Mulde entlang, weiter nach **Bad Düben.** Vor der Stadt befindet sich noch ein historisches Gewerbegebiet. Hier wurden in früherer Zeit Schiffs-

Landschaft bei Glaucha

Restaurant „Zur grünen Muldenaue“
Zschepplin,
Alte Dorfstraße 2
Tel.: (034243)-2 48 95

Bockwindmühle bei Glaucha

Mulde bei Bad Düben

mühlen betrieben, die die starken Strömungen der Mulde nutzten, bis Dampfmaschinen und elektrisch angetriebene Mühlen ihre Existenz beendeten. Der Standort war sicher ausschlaggebend für den Bau einer Glaceelederfabrik am Ende des 19. Jahrhunderts, die heute noch an ihrer gelben Klinkerfassade erkennbar ist. Der Betrieb wurde 1942 eingestellt und das Gelände kurze Zeit später durch eine in Berlin von alliierten Flugzeugbomben zerstörte Profilwalzmaschinenfabrik übernommen. In der zweiten Hälfte des 20. Jahrhunderts war sie weltgrößter Produzent von Gewindewalzmaschinen. Heute wird die Tradition mit modernen Technologien fortgesetzt. Eindrucksvoll erscheint nun das Stadtbild von Bad Düben von der Muldenbrücke aus mit dem mächtigen Turm der evangelischen Kirche St. Nikolai, den stählernen Brückenbögen und links von der Brücke dem Wahrzeichen der Stadt, dem Burg. Entlang der Mulde zwischen Wurzen und Pouch ließ schon König Heinrich I. 929 erfolgt Befestigungen ausbauen und Burgwarde anlegen. 981 ist die erste urkundliche Erwähnung als Burgward Dibni. Der Name ist wahrscheinlich aus dem altslawischen djeba abgeleitet und bedeutet Wachtort. Welche enorme wirtschaftliche und strategische Bedeutung die

Endress Doberschütz
GmbH, Mühlenstraße 3
Bad Düben
Tel.: (034243)-2 47 18

alte Handelsstraße, die heutige B 2, schon in früheren Jahrhunderten besaß, zeigt die Tatsache, dass die Muldenbrücke 1226 erstmals als Holzbrücke erwähnt ist. Sie wurde mehrfach durch Kriege und Katastrophen zerstört. Das heutige Bauwerk konnte 1995 fertig gestellt werden. Der älteste Teil der Burg ist der wuchtige, etwas gedrungene Wachtturm „Lug ins Land“ aus dem 15. Jahrhundert; die mittelalterliche Wasserbefestigung wurde von der späteren Burg überbaut. Im Burggarten an der Mulde ist seit 1967 die letzte erhaltene Schiffsmühle auf deutschen Flüssen zu besichtigen, in der Burg selbst das Landschaftsmuseum. 1533 fand im Gerichtszimmer in der mittleren Turmetage ein Gerichtstag zu den Händeln zwischen Hans Kohlhase und Günther von Zaschnitz statt. Im benachbarten Wellaune war im Jahr zuvor der Berliner Händler Kohlhase seiner Pferde durch den Junker von Zaschnitz auf Schnaditz beraubt worden. Der Gerichtstag konnte die Auseinandersetzungen auch nicht klären, sie weiteten sich durch Raub und Gewalt immer weiter aus und endeten 1540 mit der Hinrichtung von Hans Kohlhase in Berlin. 1631 schließen König Gustav Adolf von Schweden und Kurfürst Johann Georg von Sachsen ein Bündnis auf der Burg

Zugang zur Burg in Bad Düben

Roland Hammer
Eilenburger Str. 8–9
Tel.:(034243)-2 23 26

Trockengelegte Schiffsmühle bei Bad Düben

Burgschenke „Goldener Löwe“ in Bad Düben, Leipziger Straße 5 Tel.:(034243)-28 60

Landschaftsmuseum Dübener Heide Bad Düben, Neuhofstraße 3 Tel.: (034243)-2 36 91

gegen den katholischen Kaiser, ein Gedenkstein von 1936 an der Friedhofsmauer erinnert an das Ereignis. Wenige Tage vor der Völkerschlacht 1813 hielt sich auch Kaiser Napoleon auf der Burg auf und verbrachte hier, nach seinen späteren Aussagen, auf Grund der drohenden Zusammenführung der gegnerischen Armeen in der Leipziger Ebene seine schrecklichsten Tage. Kurze Zeit davor war im benachbarten Ortsteil Neuhof General Blücher mit seinem Stabe einquartiert, der aber rechtzeitig mit seiner Schlesischen Armee nach Leipzig ausweichen konnte. Der Blücherstein gegenüber dem Moorbad erinnert daran. Eines der ältesten Gebäude der Stadt ist der „Goldene Löwe“ gleich gegenüber der Burg. Seit 1647 dient das Haus als Schenke und bietet nach umfangreicher Sanierung eine bodenständige, rustikale und gehobene Küche und einen gemütlichen Biergarten. Wenige Minuten von der Burg entfernt, an der Mulde, ist die Stadtmühle zu finden, die einzige noch gewerblich betriebene Wassermühle der Dübener Heide und seit fast einhundert Jahren im Familienbesitz. Von der Stadtmühle führt der Weg über Ritterstraße und Friedensstraße direkt zum Markt mit seinen dicht nebenein-

Brunnen in der Burgschenke

ander stehenden Häusern mit pastellgetönten Fassaden. Das größte Haus am Markt ist das Rathaus, erbaut von 1718 bis 1723, mit Turm, der im Fachwerkstil errichteten Rückseite, „Alte Post“ sowie der nach Norden gerichteten Seite, „Alte Wache“ genannt. Sie diente früher als Gefängnis. Beim großen Stadtbrand 1716 wurde neben vielen Häusern auch der Vorgängerbau des Rathauses mit der Stadtchronik zerstört. So ist das Gründungsdatum der Stadt nicht genau zu benennen, doch soll Düben im 11. oder 12. Jahrhundert Stadtrecht erhalten haben. In der Nähe des Marktes steht die Nikolaikirche aus dem 12. Jahrhundert, deren ursprünglicher Turm durch Bauschäden 1809 einstürzte, vier Menschen, darunter auch das Türmerehepaar, kamen dabei ums Leben. Der Turm wurde 1810 bis 1819 neu errichtet. Auf dem Weg zum Kurpark ist der Eingang zum Friedhof mit dem Pesttor von 1577 ein besonders auffälliges Bauwerk. Das Moorbad nahm 1915 den Betrieb auf, 1948 erhielt die Kurstadt den Status „Bad“. In den 1990er Jahren wurden das Moorbad mit Rehabilitationszentrum, die orthopädische Fachklinik (Waldkrankenhaus) und das Kur- und Wellnesszentrum am Kurpark neu gebaut.

Rhododendronwald an der orthopädischen Fachklinik

Kur- und Wellnesszentrum
„Heide Spa“ in Bad Düben
Bitterfelder Straße 42
Tel.: (034243)-3 36 33

Marktplatz in Bad Düben

44

# In die Keks- und Ringelnatzstadt Wurzen

# In die Keks- und Ringelnatzstadt Wurzen

## TOUR 3

### HINWEISE FÜR RADLER

**TOUR-EMPFEHLUNG** Entlang der Parthe nach Taucha, über Feldwege Richtung Lübschütz und die Landstraße nach Wurzen.

**LÄNGE DER TOUR** 36,9 km

**SCHWIERIGKEITSGRAD** Die Strecke verläuft durch flache Landschaften mit leichten Steigungen und lässt sich auch von weniger trainierten Radlern gut bewältigen. Für Familien und Senioren ist die Tour etwas schwieriger, da sie häufigüber holprige Feld- und Wiesenwege führt. Im mittleren Teil um Lübschütz und Machern ist die Strecke landschaftlich reizvoll mit sehr schönen Ausblicken. Wegen mangelnder Ausschilderung muss der Blick dort aber auch öfter über die Karte schweifen.

### TOUR-ÜBERBLICK

0,0 Hauptbahnhof, über Brandenburger Straße und Rohrteichstraße zum

2,7 Mariannenpark, diesen an der Parthe durchqueren (Parthenwanderweg „grüner Querstrich"), Volbedingstraße überqueren

4,2 Sommerbad Schönefeld, an der Parthe durch den Abtnaundorfer Park

5,7 über die Reiterallee zum Naturbad Nordost, rechts in die Tauchaer Straße, diese bis Göteburger Straße, hier links nach ca. 300 m rechts in die Plösener Straße

8,2 am Keulenberg geradeaus

8,9 Unterquerung der A 14, OE Plaußig, entlang der Alten Theklaer Straße

9,7 Plaußiger Dorfstraße rechts einbiegen

10,3 rechts in den Seegeritzer Weg, nach 200 m wird dieser zur Schotterpiste, die bald in einen schmalen Pfad mündet, der über Felder an einer Pappelallee entlangführt, langgezogene Rechtskurve

11,5 Abzweig halblinks, leicht bergan – erste Häuser sichtbar

11,7 OE Seegeritz, bis Friedhof leicht bergan, auf altem Kopfsteinpflaster rechts steil bergab

11,9 Hauptstraße nach links

ckwitz
Zschölkau
Mutschlena
Liemehna
B 2
Gallen
Podelwitz
Göbschelwitz
Gottscheina
Jesewitz
B 184
Hohenheida
Seehausen
Leipzig-Mitte
Merkwitz
BMW
Pehritzsch
B 87
Leipzig Messegelände
Seegeritz
Plaußig
Parthe
Cradefeld
Dewitz
Plosen
Graßdorf
Mockau
Portitz
Sehlis
Thekla
Taucha
ritzsch
Abtnaundorf
Leipzig Nordost
A 14
Panitzsch
Schönefeld
Leipzig Ost
B 87
LEIPZIG
Borsdorf
Sommerfeld
Paunsdorf
B 6
Stünz
Anger-Crottendorf
B 186
Althen
Parthe
Beucha
Mölkau
Hirschfeld
Leipzig Kleinpösna
Stötteritz
Holzhausen
A 14
Kleinpösna
Lößnig
Albrechtshain
Probstheida
Pösgraben
Dölitz
Eicha
Seifertshain
Dösen
Meusdorf
Fuchshain
Erdmanns
Wachau
Naun
Großpösna
KLEEBERG
Markkleeberger See
Auenhain
Threna
Köhra

B 107
Mulde
Gotha
Püchau
Pehritzsch
Plagwitz
Dögnitz
Nischwitz
Lübschütz
Nepperwitz
Grubnitz
WURZE
Bennewitz
B 6
Machern
Altenbach
Gerichshain
Mulde
Brandis
Pausitz
B 107
Ammelshain
Moritz-see
Grillen-see
Altenhain
hain
Pausch
hof
Selingstädt
Klinga

12,0 an Gaststätte „Idyll" rechts in Schotterweg abbiegen (Schild Cradefeld 1,7 km), Querung der Parthe

12,2 über Parthenbrücke und durch Wald Richtung Wiesen

13,2 Ecke Seegeritzer Weg/Graßdorfer Straße links einbiegen, gleich wieder links in Dorfstraße Richtung Stadtgut

13,5 hinter der Parthenbrücke rechts in den Wiesenweg (Ausschilderung Taucha), links der Parthe Weg durch Gärten

14,3 auf Teerstraße aus Gartenanlage heraus, rechts abbiegen

14,5 Querung der Eilenburger Straße, geradeaus in die Cradefelder Straße, weiter bis zum Tauchaer Markt

15,2 vom Markt gerade hinunter in die Badergasse, über Parthenbrücke durch den Stadtpark

15,6 nach der zweiten Parthenbrücke links abbiegen, weiter an der Parthe entlang bis zur nächsten Brücke und diese überqueren, leicht bergan, nach rechts „Am Winneberg", Schotterweg links halten bis Wurzner Straße

17,1 Querung der Wurzner Straße, weiter Am Winneberg

17,9 Dewitzer Straße rechts einbiegen

18,0 Am Sattelhof leicht rechts ab, halblinks in Schotterweg, rechts zum Dorfteich, dahinter wieder rechts und der rötlich gepflasterten Straße folgen

18,9 Querung Sehliser Straße, leicht bergan in Püchauer Straße, übergehend in einen Platten- und später Feldweg

22,5 Querung einer Privatstraße, geradeaus weiter

23,7 Pehritzsch links liegen lassend, Feldwege halbrechts in Richtung Baumgruppe hinauf

25,6 Weggabelung mit Beschilderung, weiter links nach Plagwitz

26,9 OE Plagwitz, am Dorfteich vorbei, geradeaus auf einem Feldweg den Ort verlassen

► ABSTECHER (2 km): *Schloss und Schlosspark Püchau*

► ABSTECHER (4 km): *Schloss und Schlosspark Machern*

28,1 Querung der B 107, geradeaus in den Ort Lübschütz, der Hauptstraße folgend

30,6 Ortsdurchfahrt Dögnitz

31,9 Nepperwitz, gleich nach OA links in Feldweg einbiegen

32,4 Grubnitz, OE links der Straße folgend, hinter Dorfteich links in Feldweg einbiegen

33,6 erste Brücke, geradeaus weiter, zweite Brücke überqueren, rechts dem Feldweg folgen bis zur nächsten Gabelung, dort links abbiegen

35,0 dritte Brücke, 50 m geradeaus, in Alte Nischwitzer Straße einbiegen

35,9 Straße des Friedens queren, geradeaus bis zum Parkhaus, oberhalb abbiegen zum Markt, Wenceslaigasse (Fußgängerzone, etwa 400 m) bis zur B 6, geradeaus in die Bahnhofstraße

36,9 Bahnhof Wurzen

# In die Keks- und Ringelnatzstadt Wurzen

BERND HOFFMANN

Straßenbahn 9 bis Endstelle Thekla
S-Bahn Leipzig–Machern–Wurzen

Gerade im Nordwesten beginnt das Leipziger Land nicht weit vom Zentrum der Großstadt entfernt. Die Parthenaue behielt hier Reste ihres einst üppigen Grüns in Form von Mariannenpark und Abtnaundorfer Park und einige der bebauten Bereiche können ihre dörfliche Herkunft immer noch nicht ganz verleugnen. Für die Etappe bis Taucha eignet sich daher der Parthenwanderweg (grüner Querstrich), der am Südeingang des **Mariannenparks,** am Stannebeinplatz, beginnt. Eine Orientierungstafel des Zweckverbandes Parthenaue zeigt den Weg bis Borsdorf auf. Der Park wurde in seinem ersten Abschnitt 1914, kurz vor der Eingemeindung von Schönefeld nach Leipzig, in seinem zweiten Abschnitt 1924–1926 nach Plänen des Hamburger Gartenarchitekten Migge als „Volkspark Schönefeld“ angelegt. Auf der mit Rosen bepflanzten Hauptachse und durch ein Baumrondell gelangen die Radler zur großen Parkwiese. Vom nördlichen Parkausgang führt ein Fahrweg an der Schönefelder Schwimmhalle vorbei in die Auenlandschaft der Parthe. Nach kurzem Anstieg befindet man sich auf den bewaldeten Resten einer Aufschüttung aus der Vorkriegszeit. Von dem Plateau aus bietet sich ein guter Blick auf die Silhouette von **Schönefeld:** mit dem Schlossturm, der Gedächtniskirche – einem Bau von 1820, in dem sich zwei Jahrzehnte später Robert Schumann und Clara

Abb. S. 46/47: Wurzen, Crostigall Tor

Schönefelder Schloss

Parthe bei Schönefeld

Wieck trauen ließen – und dem ebenfalls betürmten Rathaus von 1904/05. Das 1871–1876 für die von Eberstein neugebaute Schloss ging durch Verfügung der letzten Baronesse im Jahre 1900 an die „Mariannenstiftung" über, 1949 dann an die Stadt. Heute befindet sich im Schloss eine Förderschule für behinderte Kinder.

Der Weg führt wieder herab zum Parthenufer und überquert die Volbedingstraße nahe der alten Wassermühle. Es geht an der Gartenanlage „Schöne Heimat" und dem am anderen Parthenufer befindlichen Freibad Schönefeld vorbei. Über die Mockauer Parthenaue hinweg lässt sich die denkmalgeschützte Weidenhofsiedlung von 1919–1924 ausmachen.

Vor uns liegt der **Abtnaundorfer Park,** den die alte Leipziger Handels- und Bankiersfamilie Frege um 1800 im englischen Stil anlegen ließ. Freges besaßen Gut, Schloss und Park bis 1916. Heute dient das 1891–1893 neuerbaute Schloss Wohnzwecken. Beim Verlassen des Parks fallen an der Abtnaundorfer Straße prunkvolle Landhäuser ins Auge, Sommersitze betuchter Leipziger Bürger um 1900 (Millionendorf). Vorbei am Gut Abtnaundorf (Reitstützpunkt) gelangt man zur Kastanienallee, die am Mausoleum, dem ehemaligen Erbbegräbnis

Landhaus an der Abtnaundorfer Straße

Auenwiesen der Parthe bei Thekla

Naturbad Nordost Thekla („Bagger")

Breitblättriges Knabenkraut

der Familie Frege, endet. Von dort läuft der Weg wieder in eine Wiesenlandschaft, unterquert als Kiebitzstraße die Bahnlinie Leipzig–Eilenburg und führt am Naturbad Nordost („Bagger") entlang zur Endstelle der Straßenbahnlinie 9 und der Buslinie 80.

Von der letzten Bank vor der Endstelle hat man einen schönen Blick über die Parthe nach **Mockau,** dessen Stephanuskirche (Westturm aus dem 13. Jahrhundert), Schloss und der Einfahrtsbogen zum Gut zu erkennen sind. 1839 erwarb die Hugenottenfamilie Gontard das Gut, deren Erben es 1912 an die Stadt Leipzig verkauften. Diese eröffnete schon im Folgejahr auf den Ländereien des Gontardschen Gutes den Luftschiffhafen Mockau mit der Landung zweier Zeppeline in Anwesenheit von Graf Ferdinand von Zeppelin und König Friedrich August III.

Sind wir bisher der Parthe immer in nordöstlicher Richtung gefolgt, wendet sich diese ab **Thekla** nun in großem Bogen ostwärts nach Plaußig. Hier sind noch die Reste der einst für die Leipziger Naherholung so beliebten Parthendörfer zu finden. Der nun folgende Weg ist nur bedingt fahrradgeeignet, aber sehr reizvoll. Sicherer fährt es sich auf der Tauchaer Straße bis zur Kreuzung Göteborger Straße, dort links bis an die wieder grün markierte Plösener Straße. Soll erstgenannte Strecke doch genommen werden, fahren wir zunächst etwa 50 m stadteinwärts zur Parthenbrücke. Die granitene Dreibogenbrücke ist in ihrer einstigen architektonischen Schönheit kaum noch zu erahnen. Von hier schlängelt sich ein schmaler Wiesenweg links der Parthe mitten hinein in das Grün der Gräser und der Bäume. Hier kann man schon durchatmen und den Blick frei schweifen lassen. In sanftem Bogen schwingt die Parthe durch die Wiesen nach Osten. Erlen, Weiden und Pappeln säumen ihre Ufer oder bilden kleine Wäldchen und Einzelgruppen. Wie die Finger einer großen Hand gliedern Traubenkirschenhecken die Wiesen auf und stellen mit ihren Wildkrautsäumen ideale Unterkünfte für zahlreiche Vögel, aber auch für Niederwild dar. Der schmale Wasserstreifen lässt kaum noch die Gefahren früherer Hochwasser ahnen. Nur die Dammhöhe der Tauchaer Straße und der respektvolle Abstand des auf dem gegenüberliegenden Ufer noch in Resten zu findenden Dorfes Neutzsch (jetzt Neutzscher Straße) weisen darauf hin. Die bis auf die Uferböschung gezäunte Kleingartenanlage zwingt die Wanderer auf schmalstem Wege die nächste Wiese zu erreichen. Ein kleiner Steg überbrückt den Flugplatzgraben. Nach Überqueren der Wiese kommt man nach Plösen, dem nach Neutzsch zweiten Dorf der Theklagründung von 1889. Von hier zweigt auch ein Weg (An den Pferdnerkabeln) zu der auf dem Eichberg liegenden und dem Ortszusammenschluss ihren Namen gebenden Kirche-Hohen Thekla ab. Ein Besuch des aus Granitfindlingen gefügten romanischen Baues aus dem 12. Jahrhundert ist unbedingt zu empfehlen.

Beim Verlassen des alten Plösener Ortskerns am großen Torbogen des ehemaligen Mühlgutes lohnt ein Abstecher über den von der Straße Am Keulenberg abzweigenden Fußweg nach Cleuden, dem dritten Thekladorf. Gut erhalten sind ei-

Romanische Saalkirche Hohen-Thekla, um 1840

Tor des Mühlgutes in Thekla-Plösen

Ehemaliges Rittergut und Kirche in Plaußig

Parthe bei Plaußig

nige Bauerngehöfte mit ihren (leider verputzten) Fachwerkgiebeln unter den Geborgenheit ausstrahlenden Krüppelwalmdächern. Die Straße Am Keulenberg führt zwischen Keulenbergsiedlung links und den Cleudner Wiesen zur Rechten nach **Plaußig.** Erläuterungen zum Ort wie zu seiner näheren Umgebung werden auf der Tafel vor dem Pfarramt geboten. Der Ort wurde um 1275 im Zusammenhang mit dem Ritter Dietrich von Plusk, der offensichtlich mit der damaligen Wasserburg (Turmhügel im Gutspark erhalten) belehnt worden ist, erstmals erwähnt. Er hat bis heute seine kolonisationszeitliche Form als Straßendorf erhalten. Der Ortskern wurde unter Schutz gestellt. Sehenswert ist das barocke, um 1726 vom Leipziger Ratsbaumeister Johann Georg Sieber erneuerte Ensemble von Rittergut, Pfarrhaus, Schule und Kirche. Letztere ist spätgotischen Ursprungs und beherbergt die ältesten Glocken des Leipziger Kreises von 1439 und 1400. Der Zweckverband Parthenaue richtete im ehemaligen Gemeindeamt eine Naturschutzstation ein, welche die beiden Landschaftsschutzgebiete „Parthenaue Machern“ und „Parthenaue“ betreut und durch umweltpädagogische- und Öffentlichkeitsarbeit bekannt macht. Der Weg verlässt Plaußig in östlicher

Richtung vor dem idyllischen Dorfteich und überquert, bevor man den als Hasensteig benannten Wiesenweg betritt, den Rüdgengraben. Von dessen Einmündung in die Parthe bis zur nur zwei km entfernten Quelle im Biesengrund wurde ein großangelegtes Renaturierungsprojekt realisiert, das in Form eines 60 m breiten Grünstreifens einen Biotopverbund herstellt. Mit der Erschließung des nördlich von Plaußig liegenden Industrieparks, in dessen Zentrum BMW ab 2005 täglich 650 Autos bauen will, wurde der Rüdgengraben umweltverträglich zum Regenwasservorfluter ausgebaut. Die Wiesen bis Seegeritz sind zur Rechten eingerahmt durch die Waldkulisse der Parthenaue und zur Linken durch sanfte Endmoränenhügel, die teils mit Wald, teils mit Windschutzhecken bewachsen sind. Mit 132 m Höhe am Fuchsberg nahe Merkwitz werden immerhin 20 m Höhenunterschied zur Parthe gemessen. Nach dem Überqueren des Hasengrabens steigt der Weg links aus den Wiesen hinauf nach **Seegeritz,** einem zu Taucha gehörigen Ortsteil. Die kleine, turmlose Kirche auf dem steil

Naturschutzstation Plaußig
Plaußiger Dorfstraße
Tel.: (034298)-1 34 78

Gasthof Plaußig
Plaußiger Dorfstraße 21
Tel.: (034298)-6 33 39

Wiesenlandschaft bei Seegeritz

Ortserweiterung in Graßdorf

Gasthof „Idyll"
Seegeritz, Hauptstraße
Tel.: (034298)-6 88 09

Verkaufsladen
des Gutes Graßdorf

abfallenden Sandberg spielte während der Völkerschlacht bei Leipzig 1813 aufgrund ihrer exponierten Lage eine strategisch wichtige Rolle. In ihr übernachtete vom 17. zum 18. Oktober, kurz vor seinem Tode, der Petersburger Feldmarschall Graf von Manteuffel. An der Gaststätte „Idyll" und dem Seegeritzer Dorfteich vorbei und dann rechts abbiegend verläuft ein Weg durch die Hölle, einen Restauenwald, nach Taucha. Im Waldstück selbst haben die „Mandan-Indianer" in einer ehemaligen Kiesgrube ihr Domizil aufgeschlagen, und wer Glück hat, trifft sie auch einmal am Lagerfeuer tanzend an. Die Feldflur vom Waldrand bis zu den ersten Häusern birgt kaum noch sichtbare Zeugen einer unseligen Vergangenheit: Hier im denkmalgeschützten Gelände standen die Wohnbaracken der Fremdarbeiter, die während des zweiten Weltkrieges in den in unmittelbarer Nähe liegenden Mitteldeutschen Motorenwerken zur Zwangsarbeit verurteilt waren und zum Teil in den Tod getrieben wurden. Wenn der Weg auf die Fahrstraße trifft biegt man linkerhand in den kleinen Ort **Graßdorf** ab. Über der Parthe liegt das Gut Graßdorf, eine ehemalige

Wasserburg (um 1200), später Ritter- und Stadtgut von Leipzig. Beim Übergang über die Parthe kann man im Giebel der ehemaligen Gutsschäferei noch das Leipziger Wappen erkennen. Doch hier sind wir schon in **Cradefeld**, einem weiteren, wie Graßdorf 1350 erstmals beurkundeten, 1575 vom Leipziger Rat gekauften und 1934/37 nach Taucha eingemeindeten Parthendorf. Der Weg aus Cradefeld nach **Taucha** verläuft zunächst links, hinter der Bahnunterführung dann rechts der Parthe durch Wiesen- und Gartenlandschaften und immer schon mit Blick auf die Türme von Taucha. Nachdem die Eilenburger Landstraße unterquert ist, geht es dann in die historische Altstadt hinauf. Die einst erzbischöflich-magdeburgische Stadt (bereits 974 als deutscher Burgward in der Chronik des Merseburger Bischofs Thietmar erwähnt, 1170 mit Stadt-, Markt- und Stapelrecht bewidmet) ist mit ihren Sehenswürdigkeiten eine eigene Wanderung wert, ab 1994 wieder mit Abstecher ins neueröffnete Heimatmuseum im alten Malzhaus. Die Radler aber fahren den markierten Weg an der Kirche, am Rathaus und am Schlossberg vorbei und

Barockportal in Taucha

Partenaue bei Taucha

Romanische Apsis der Dewitzer Kirche

Ratskeller Taucha
Schloßstraße 13
Tel.: 034298)-6 86 22

gelangt westwärts über die Brücken des Mühlgrabens zur Parthe, an welcher der Weg weiter südwärts verläuft.
Eine Orientierungstafel gibt den Überblick über die vor uns liegende Wegstrecke. Wir durchfahren den landschaftlich reizvollen Park, vorbei am großen Schöppenteich und überqueren am Südende die Parthe, um den Weg auf dem Damm zu verfolgen. Auf den rechts vor uns liegenden Wiesen entstand ein neuer Sport- und Freizeitpark, hinter den Bäumen am linken Parthenufer befindet sich das Tauchaer Freibad. Das Flüsschen wird wieder überquert, und wir gelangen auf dem Weg Am Weinberg zum Stadtpark Taucha, in den sich ein Pflegeheim gut einfügt. Der Stadtpark mit seinem Aussichtsturm auf dem 140 m hohen Weinberg bietet eine Fülle schöner Wege und Ansichten. Unterhalb des Weinberges verläuft der Weg an einer Gartenanlage vorbei durch offene Wiesenlandschaft bis zur Wurzner Straße. Vom Parthenwanderweg an der Parthenbrücke Wurzner Straße zweigt der Höhenweg (gelber Querstrich) ab. Auf dem Weg Am Winneberg mit dem Kulturdenkmal Gewinneberg – einer slawenzeitlichen Wallanlage – gelangt man nach **Döbitz.** Der Tauchaer Ortsteil ist ein typisches Rittergutsdorf mit barockem Herrenhaus und kleinen verwinkelt angesiedelten Bedienstetenhäuschen. Gleich daneben, An den Höfen, das ebenfalls zu Taucha gehörige, 1212 als Herrensitz beurkundete Bauerndorf **Dewitz** mit großen, in der Parthenaue liegenden Dreiseithöfen und einer spätromanischen, von einer Findlingsmauer umgebenen Dorfkirche. Nach Überqueren der Sehliser Straße gelangen wir auf den eigentlichen Höhenweg, die Püchauer Straße, die allmählich ansteigend in das 150 000 Jahre alte Endmoränengebiet der Saaleeiszeit hineinführt. Markante Hügel wie der Schwarze Berg (177 m) oder der Fuchsberg (167 m) bieten sowohl schöne Ansichten als auch weite Aussichten. Von den Höhen kann man das Leipziger Land betrachten wie auf einer Land-

karte: im Süden der Tresenwald, die Wasserscheide zwischen Mulde und Parthe, weiter westlich dann die Beuchaer und Panitzscher Bergkirchen, das Völkerschlachtdenkmal und alle Türme der Stadt Leipzig, im Norden wieder Endmoränenhügel. Aber nicht nur siedlungsgeschichtlich und geologisch ist dieses Gebiet interessant; es birgt auch floristische Kostbarkeiten. Stocken auf den Sandkuppen der Hügel Trockenrasenpflanzen, so sind in den Quellwiesen der Talgründe noch Orchideen vorhanden – allesamt streng geschützt!

In der Höhe von Pehritzsch, nachdem wir eine Privatstraße kreuzten, zieht der Weg immer geradeaus und nur durch Felder, bis sich plötzlich vor uns der Blick auf die Muldenaue öffnet: von Wurzen im Süden mit den Türmen des Domes und der Keksfabrik über Schloss und Kirche von Püchau bis hin zum Eilenburger Burgberg im Norden. Dicht beim Tresenwald gelangen wir auf eine Obstallee, die aus dem Wald nach **Plagwitz** führt.

An der Püchauer Straße bei Pehritzsch

Rad-Center Taucha
Sommerfelder Straße 110
Tel.: (034298)-3 47 10

Herrentagspartie

Schloss Püchau

Interessante Ziele außerhalb unserer Tour sind von hier aus empfehlenswert: erstens der **Abstecher nach Püchau,** dem ältesten erwähnten Ort Sachsens. Er wird erreicht auf der durch Plagwitz führenden Straße. Diese könnte auch König Heinrichs I. Weg gewesen sein, als er gegen die Ungarn zog und 924 auf der Burg Püchau, damals Bichni, vorerst zum Rückzug gezwungen wurde. Als Mannlehen mit ständig wechselnden Besitzern diente Püchau bis zum laufverändernden Hochwasser von 1507 der Sicherung des Muldenüberganges; später war es unter den Grafen von Hohenthal eines der größten Rittergüter Sachsens und heute ist es auf dem besten Wege, unter Einbeziehung seines in der Muldenaue gelegenen, mit seltenen Bäumen bestandenen Landschaftsparks, ein sowohl kulturelles als auch gastronomisches Naherholungsziel zu werden. Vom Unterdorf erreicht man, vorbei an der 600-jährigen „Fürst-Metternich-Eiche“ am Tiergartenteich, durch die üppigen Auwälder die idyllischen Kleindörfer Lübschütz, Dögnitz, Nepperwitz und Grubnitz.

Schloß Püchau
und
Schloßgastronomie
Tel.: (03425)-81 69 48

Silhouette von Püchau

Pyramide als Mausoleum der Familie von Lindenau im Park Machern

Weiterhin empfehlenswert ist ein **Abstecher nach Machern.** Es wird ab Plagwitz auf dem markierten Weg (gelber Querstrich) über das Naherholungsgebiet Lübschützer Teiche erreicht. Die Teiche wurden bereits im 16. Jahrhundert durch die Püchauer Grafen als Fischzuchtgewässer angelegt. Heute lädt der Salweidenteich als ruhige Alternative zum Cospudener See zum Baden mit Schwan, Haubentaucher und Karpfen ein – letztere werden alljährlich im Herbst überschaubar abgefischt (und verzehrbar angeboten). Das gartenstadtähnliche Machern mit seinem aus einer frühen Wasserburg hervorgegangenen dreiflügligen Barockschloss hat kulturgeschichtlich und gastronomisch vieles zu bieten. Die Grafen von Lindenau ließen den Landschaftspark mit der seltenen Tulpenbaumallee, einer Pyramide als Grablege und einer Burgruine im romantisch-sentimentalen Stil nach 1760 anlegen. Der aufmerksame Besucher findet aber noch eine Menge weiterer lohnender Schlupfwinkel für Geist und Körper.

Park und Schloss Machern
Schloßplatz 1, Machern
Tel.: (034292)-7 20 79

Camping Lübschützer Teiche
Tel.: (03425)-81 47 20

Silhouette von Wurzen, im Vordergrund die Mulde

Kulturgeschichtliches Museum mit Ringelnatz-Dauerausstellung
Tel.: (0345)-92 66 53

Wenceslaikirche Wurzen
Tel.: (0345)-9 05 00

Geburtshaus von Joachim Ringelnatz und Wenceslaikirche

Doch zurück nach **Plagwitz,** aus dem in östlicher Richtung ein unmarkierter Feldweg nach Überquerung der B 107 nach Lübschütz führt. Vorbei am 1656 erbauten Gasthof und den Resten der fünfeckigen Wassermühle führt die Straße hinab in die breite, fruchtbare Muldenaue und durch die idyllischen, über 1 000-jährigen Kleindörfer **Dögnitz, Nepperwitz und Grubnitz.** Vor Nepperwitz stößt, von Canitz kommend, der Leipzig-Elbe-Radweg auf die weitere Route und damit ist auch der Weg nach Wurzen markiert. In Grubnitz links abbiegend verläuft ein Feldweg über eine nur der Landwirtschaft vorbehaltene kleine Muldenbrücke sowie eine weitere über den ehemaligen Wasserkraftwerkskanal und eine dritte über den Mühlgraben. Dann ist das Ziel erreicht: die 961 erstmals erwähnte Stadt **Wurzen,** einst Residenz der meißnischen Bischöfe im 15. und 16. Jahrhundert, danach durch Pest und Kriegswirren nahezu zur Bedeutungslosigkeit verurteilt. Einzigartig ist der Stadtgrundriss da sich alle Kirchen außerhalb der einst ummauerten Bürgerstadt befanden. Auch die „Altstadt", die von der Alten Nischwitzer Straße kommend als erstes passiert wird, lag außerhalb dieser Mauern. Diese umschlossen vielmehr eine planmäßig angelegte Bürgerstadt um den 1150 erstmals erwähnten Markt. Der gut erhaltene Stadtkern mit zahlreichen Renaissance- und Barockbauten bietet ein beeindruckendes Bild von Ruhe und Beschaulichkeit. Über die Domgasse, vorbei am 1802–1806 errichteten Alten Rathaus und dem sich in einem attraktiven Renaissancegebäude befindenden Museum, wird der Domberg erreicht. Der Dom St. Marien wurde 1114 als meißnische Kollegiatsstiftskirche geweiht. Die romanische Pfeilerbasilika wurde im Laufe der Jahrhunderte mehrmals erweitert und umgebaut. Neben dem Dom liegt das 1491 bis 1497 im Renaissancestil erbaute bischöfliche Schloss. Über Färbergasse und Postgasse geht es hinab zum Stadtteil Crostigall mit dem auf 1734 datierten Tor einer alten Posthalterei und dem Geburtshaus des bedeutendsten Sohnes der Stadt: Joachim Ringelnatz. Vorbei an der um 1250 gegründeten Wenceslaikirche mit davor stehender Postdistanzsäule führt der Heimweg über die Bahnhofstraße zum Bahnhof Wurzen.

Schloss Wurzen

Dom St. Marien
Wurzen
Tel.: (03425)-9 05 00

„Zur alten Brauerei“
Markt 6
Tel.: (03425)-81 86 00

Domgasse

# Vorbei an Wehrkirchen, Steinbrüchen und Kiesgruben nach Grimma

# Vorbei an Wehrkirchen, Steinbrüchen und Kiesgruben nach Grimma

## TOUR 4

### HINWEISE FÜR RADLER

**TOUR-EMPFEHLUNG** Ab Leipzig Hauptbahnhof, über Baalsdorf, Albrechtshain, Eicha, Erdmannshain, ab Naunhof über Feld- und Waldwege, vorbei an Kiesgruben, über Pomßen, Grethen bis nach Grimma.

**LÄNGE DER TOUR** 39,6 km

**SCHWIERIGKEITSGRAD** Ebene Tour mit leichten Steigungen, deshalb auch für Gelegenheitsradler, Familien und Senioren geeignet. Landschaftlich schöne Strecke, die auf ruhigen Straßen und auf Radwegen von guter Qualität verläuft und übersichtlich ausgeschildert ist.

### TOUR-ÜBERBLICK

0,0 Hauptbahnhof, Radweg auf linkem Fußweg Richtung Johannisplatz, nach Querstraße Straßenseite wechseln, auf linker Seite des Grassimuseums in den Täubchenweg, geradeaus (wird zur Zweinaundorfer Straße), bis OE Mölkau, dann halbrechts, weiter nach Baalsdorf (Leipzig-Elbe-Radroute)

8,2 am Gasthof Baalsdorf halblinks in Brandiser Straße, von da an Radweg parallel zur Landstraße, der an der Autobahnbrücke über die A 14 endet

11,7 erste Kreuzung rechts, zweite Kreuzung sofort wieder links, der Hauptstraße folgend nach Wolfshain

13,8 Pferdehof und Gasthof Wolfshain, weiter nach Beucha, dort

14,4 nach rechts in die Dorfstraße Richtung Kleinsteinberg

► ABSTECHER: *Beuchaer Bergkirche, dazu nach links in die August-Bebel-Straße, Richtung Bahnhof Beucha, nach 400 m Parkplatz links*

14,6 Abzweig halbrechts in „Viehweide"

15,9 Autobahnsee mit Zeltplatz, danach links abbiegen, weiter parallel zur A 14

17,0 rechts unter der A 14 hindurch

17,5 OE Albrechtshain, rechts, dann gleich wieder links abbiegen

17,7 Rastplatz mit Radroutenkarte, links auf die beschilderte Parthe-Mulde-Radroute

18,8 OE Eicha, auf den Radweg

22,0 OE Erdmannshain, vor Ampelkreuzung schräg links auf Radweg, führt unter der Hauptstraße hindurch nach

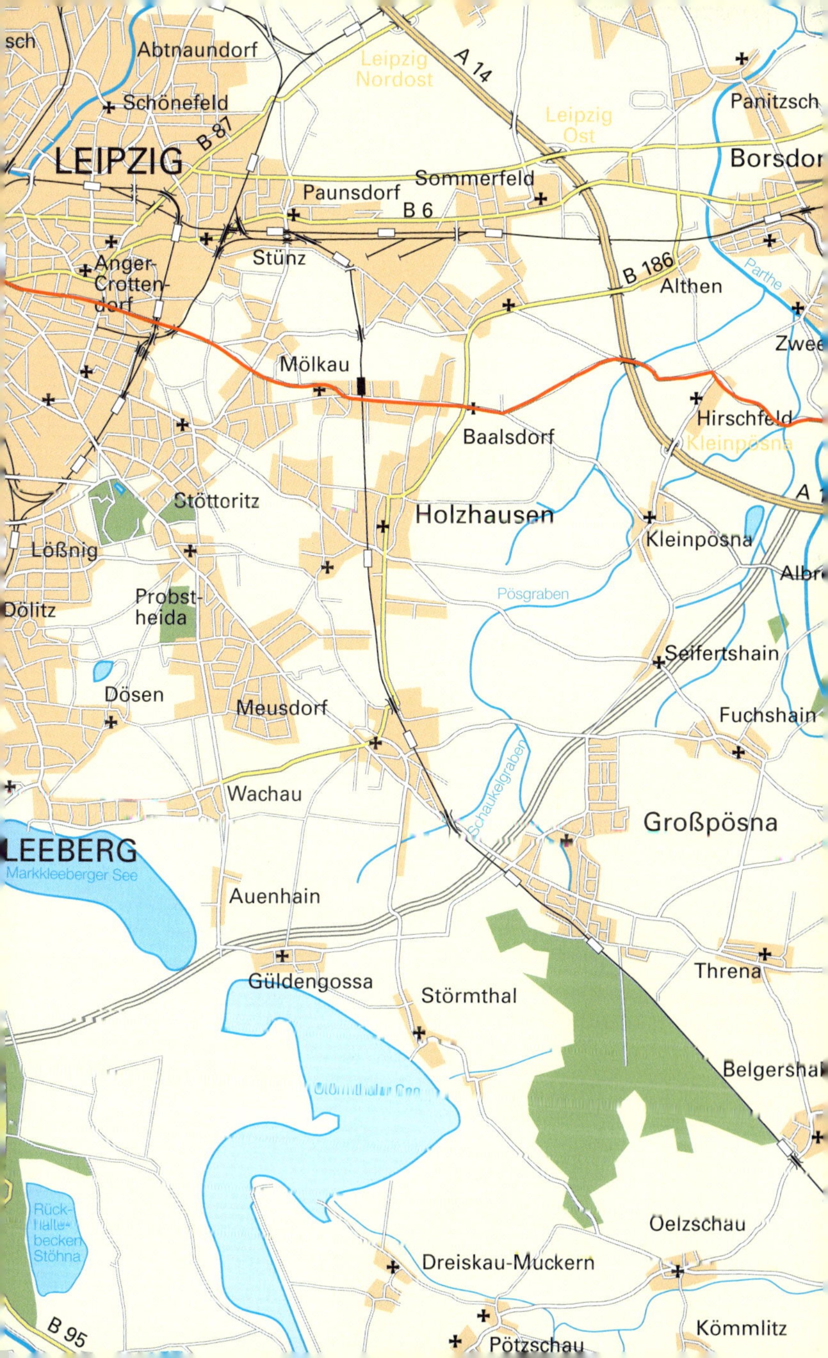
sch
Abtnaundorf
Schönefeld
LEIPZIG
B 87
Leipzig Nordost
A 14
Leipzig Ost
Panitzsch
Borsdor
Sommerfeld
Paunsdorf
B 6
Stünz
Anger-Crottendorf
B 186
Althen
Parthe
Zwee
Mölkau
Hirschfeld
Kleinpösna
Baalsdorf
Stötteritz
Holzhausen
Kleinpösna
Lößnig
Albr
Pösgraben
Probstheida
Dölitz
Seifertshain
Dösen
Meusdorf
Fuchshain
Wachau
Schaukelgraben
Großpösna
LEEBERG
Markkleeberger See
Auenhain
Threna
Güldengossa
Störmthal
Belgersha
Rückhaltebecken Stöhna
Oelzschau
Dreiskau-Muckern
B 95
Kömmlitz
Pötzschau

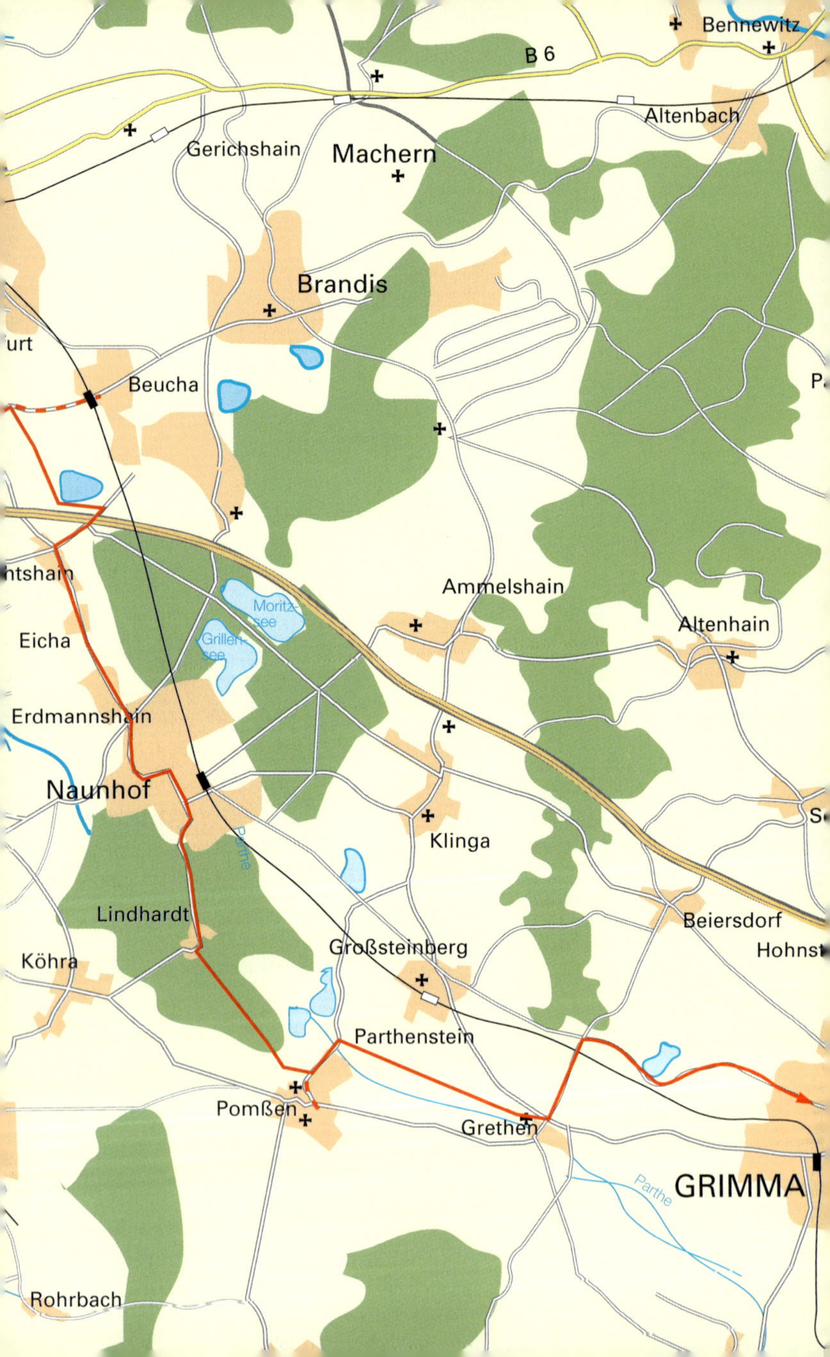
Bennewitz
B 6
Altenbach
Gerichshain
Machern
Brandis
urt
Beucha
P
ntshain
Ammelshain
Moritz-see
Grillen-see
Eicha
Altenhain
Erdmannshain
Naunhof
S
Klinga
Parthe
Lindhardt
Beiersdorf
Hohnst
Köhra
Großsteinberg
Parthenstein
Pomßen
Grethen
GRIMMA
Parthe
Rohrbach

22,6 Naunhof, links über Holzbrücke, dann rechts
23,0 Kreisverkehr, der Ausschilderung zum Turmuhrenmuseum folgen
23,3 Turmuhrenmuseum, geradeaus über den Markt in die Gartenstraße
24,1 rechts in die Schillerstraße, am Ende links Richtung Lindhardt
25,7 Lindhardt, am OE (mit schönem Rastplatz) links in Wasserweg
26,5 wieder links, auf Betonstraße, an Gneisenaukaserne vorbei
27,2 zwei Betonklötze markieren den Eingang der Kiesgrube, hier rechts ab auf Feldweg
29,7 Pomßen, an der Hauptstraße scharf links
► ABSTECHER: *zur romanischen Wehrkirche nach rechts*
30,3 gleich hinter dem Mühlteich nach rechts, mit steilem Anstieg
31,6 auf der Kuppe zweiten Feldweg rechts
32,4 Rastplatz mit schöner Rundumsicht
33,2 OE Grethen, vor großer Kreuzung links in den Teichweg, an der Straße wieder links Richtung Beiersdorf
34,9 Querung der Bahn, Abzweig rechts in Müncherteichweg
36,0 Müncherteich, weiter über Alte Poststraße nach Grimma
37,7 in Grimma immer geradeaus, nach Querung Straße des Friedens und Wallgraben in „Pappisches Tor“, dann rechts, nächste Querstraße links und dann die zweite wieder links zum
39,6 Marktplatz Grimma (1,5 km bis Bahnhof)

In Naunhof

# Vorbei an Wehrkirchen, Steinbrüchen und Kiesgruben nach Grimma

ULRICH PATZER

Hund trifft Hirsch auf dem Dorfanger Zweinaundorf

Straßenbahn 7, 8 bis Endstelle Sommerfeld
Zug Leipzig–Grimma

Abb. S. 66/67: Ruine der Pöppelmannbrücke in Grimma

Teich auf dem Anger von Baalsdorf

Aller Anfang ist schwer: Die ersten Kilometer durch den Leipziger Osten müssen auf ziemlich stark befahrenen Straßen absolviert werden. Nach reichlich fünf km Fahrstrecke verlockt ein Abstecher in das direkt an der Strecke gelegene ökologische Stadtgut **Mölkau** mit Tiergehege, Gaststätte und Laden für Ökoprodukte. Danach lässt der Verkehr entlang der (geplanten) Leipzig-Elbe-Radroute nach. Immer geradeaus fahrend, auf einer fast durchgehend beidseitig angebauten Straße, wird das sehenswerte Straßenangerdorf **Baalsdorf** mit seinen vielen noch baulich intakten Bauernhöfen durchquert.

Parthe-Mulde-Radweg bei Hirschfeld

Am Ende des 500 m langen Spitzovals, das den Dorfanger mit seiner spätromanischen Dorfkirche umschließt, wird schließlich der neue Radweg nach Beucha erreicht.

Ab hier genießt der Radtourist den Blick in die freie Landschaft der Leipziger Tieflandsbucht. Die oberflächennahen Ablagerungen bestehen aus so genanntem Geschiebelehm, der in der Saalekaltzeit der Eiszeit durch einen Gletscher von Norden herantransportiert worden ist. Hinter **Wolfshain** wird die liebliche Partheniederung durchquert und kurz danach in **Beucha** der Westrand des nordsächsischen Porphyrhügel- und Berglandes erreicht. Hier ragt hartes porphyrisches Gestein an vielen Stellen kuppenartig über die Erdoberfläche hinaus, entstanden durch lange währende, zeitweilig äußerst heftige vulkanische Tätigkeit vor etwa 285 bis 240 Millionen Jahren. Beucha hat drei größere Steinbrüche, in denen Granitporphyr für den Bau des Völkerschlachtdenkmals gebrochen wurde. 26 500 Quader von 24 bis 360 Zentner Gewicht kamen zwischen 1900 und 1913 von hier nach Leipzig. Naturstein aus Beucha ist in der Messestadt auch am Alten Rathaus und beim Bau des Hauptbahnhofs verwendet worden. Die Steinbrüche sind teilweise mit Wasser gefüllt und wirken so wie kleine Bergseen. Am interessantesten ist zweifellos der Kirchbruch, entstanden an einer die Umgebung um 20 m überragenden,

Spätromanische Dorfkirche Baalsdorf

Wehrkirche am Kirchbruch Beucha
Tel.: (034292)-6 82 21

Bergkirche Beucha

durch die Eiszeit zum Rundhöcker geformten Porphyrkuppe, die im Laufe der Zeit zu wesentlichen Teilen abgetragen worden ist. Auf dieser Kuppe entstand im 13. Jahrhundert eine kleine Wehrkirche. Sie steht jetzt auf einer Felsenkanzel etwa 50 m über der Steinbruchsohle, die jetzt unter der Wasseroberfläche verborgen ist, und stellt seit langem ein immer wieder gern gemaltes und noch öfter fotografiertes Motiv dar. Von der Kuppe hat man einen schönen Blick bis nach Leipzig und zu den in der Eiszeit geformten Endmoränenzügen zwischen Taucha und Machern. Weiter führt die Radpartie vorbei am Hotel und Restaurant „Seerose" zum **Autobahnsee** mit Badestrand, Camping, Ruderbootverleih und Gaststätte. Mitte der 1930er Jahre beim Bau der Autobahn entstanden, ist dieses Gewässer in den 60er Jahren durch weiteren Kiesabbau um das Vierfache erweitert worden. Wer Anhänger textilfreien Badens an lang gestreckten sonnigen Sandstränden ist, der sollte zunächst weiter der Parthe-Mulde-Radroute folgen, nach Unterquerung der Autobahn jedoch in den ersten Weg nach links Richtung Dreiflügelweg abbiegen. In diesem Abschnitt verläuft der Weg auf dem Grünen Ring Leipzig (Äußerer Grüner Ring). Nach beschwerlicher Bahnquerung („Drängelgitter") führt dieser Weg, gesäumt von herrlichen Kie-

Stadtinformation Naunhof
Markt 1
Tel. (034293)-4 21 19
www.naunhof.de

Am Grillensee bei Naunhof

Autobahnsee und Campingplatz Albrechtshain/Beucha
(034293)-2 94 74
(034293)-2 93 96

Dorfstraße in Albrechtshain

fern-, Buchen- und Eichenwäldern, vorbei am **Moritzsee** (auch Ammelshainer Autobahnsee genannt) zur Linken und dem **Grillensee** (Naunhofer Autobahnsee) zur Rechten. Badende was wollt ihr mehr?

Die ausgeschilderte Parthe-Mulde-Radroute führt weiter in das beschauliche Parthedorf **Albrechtshain.** Am Rastplatz, direkt neben dem Dorfteich, treffen die (erst abschnittweise ausgebaute und beschilderte) Leipzig-Elbe-Radroute und die Parthe-Mulde-Radroute zusammen. Ab hier immer der Wegweisung der letztgenannten Route folgend, geht es weiter durch Eicha mit seiner prächtigen Kastanienallee nach **Erdmannshain**. Hier befindet sich die älteste Kirche der ganzen Gegend, erbaut im 11. oder 12. Jahrhundert, im Innenraum mit charakteristischen roh behauenen Holzpfeilern, hölzerner Kassettendecke und einer kleinen Orgel ausgestattet. Nicht zu übersehen sind die Gebäude der erst vor wenigen Jahren erbauten Sachsen-Klinik zur Behandlung onkologischer und orthopädischer Erkrankungen. Das Parthedörfchen Eicha ist 1348 erstmals als „Marienhain“ erwähnt. Hier soll einer Legende nach 1454 ein im Morast stecken gebliebener Fuhrmann ein an einer Eiche angebrachtes Marienbild angerufen

Restaurant und Pension
„Mühle Erdmannshain“
Eichaer Straße 40
Tel.: (034293)-3 52 65

Kirche Erdmannshain

Naunhofer Marktplatz

Turmuhrenmuseum
und Café in Naunhof
Ungibauer Straße 1
Tel.: (034293)-3 25 13

Schreibmaschinen- und
Bürotechnikmuseum
Wurzner Straße 25
Tel.: (034293)-3 48 36

Am Turmuhrenmuseum

haben und dadurch wieder freigekommen sein. Dies war Anlass für den Bau einer Kirche mit Namen Maria Virginis in Quercu (lat.: Jungfrau Maria zur Eiche), die 1483 ein bekannter und stark besuchter Wallfahrtsort war. 1497 gründeten Antonitermönche hier ein Kloster, das, nach der Reformation 1525 verkauft, bis 1945 zum Rittergut in Pomßen gehörte. Die Parthedörfer Albrechtshain, Eicha und Erdmannshain sind Ortsteile von Naunhof – eine Kleinstadt, die sich schon seit Ende des 19. Jahrhunderts wegen der günstigen Bahnverbindung zu einem Ort der „Sommerfrische" für die Großstädter entwickelte. Als Wohnstandort und Ausflugsziel im weiteren Umfeld von Leipzig hat sich **Naunhof** den Charakter einer Garten- und Villenstadt mit viel Grün bewahrt. Bedeutung für Leipzig haben die schon 1887 bzw. 1895 errichteten Wasserwerke I und II, die das in einem großen kaltzeitlichen Flussschotterbett in nordwestliche Richtung strömende Grundwasser mit 10–15 m tiefen Filterbrunnen anzapfen und in

Rohrleitungen bis in die Messestadt pumpen. Die Parthe-Mulde-Radroute führt direkt am ersten sächsischen Turmuhrenmuseum in Naunhof vorbei, das 1995 im historischen Fachwerkhaus der ehemaligen Mädchenschule eröffnet worden ist. Als technisches Museum zeigt es Uhrwerke von Turm- und elektrischen Großuhren sowie Läuteeinrichtungen und Zubehör, dazu wechselnde Sonderausstellungen. Im „Museumscafé“ wird Naunhofer Kartoffelkuchen kredenzt. Ebenfalls direkt an der Radroute liegt das im Rathaus untergebrachte „Stadtgut am Markt“ mit Stadtgutatelier, Stadtbibliothek, Heimatstube, Begegnungszentrum, Bürgersaal Galerie Kugel. Sehenswert sind auch das Schreibmaschinen- und Bürotechnikmuseum sowie die nahe dem Turmuhrenmuseum gelegene Stadtkirche, ein spätgotischer Bau, der in der Silvesternacht 1716/17 eingeäschert und nach Spendensammlungen in allen deutschen Landen bereits 1719 äußerlich und 1724 im Innern wieder aufgebaut wurde. Weiter südwärts führt der Weg durch den Naunhofer Forst, dem größten Waldgebiet im Osten von Leipzig, in die Waldsiedlung Lindhardt. Dieser Ortsteil von Naunhof entwickelte sich nach der Eröffnung der Eisenbahnlinie Leipzig–Grimma im Jahre 1866 zum beliebten Ausflugsort und hat sein markantes Erscheinungsbild als Villen- und Sommerhaussiedlung für Leipziger Unternehmer und Händler bis heute erhalten.

Nachdem das linkerhand liegende Gelände der im Wald gelegenen Gneisenaukaserne mit dem Instandsetzungsbataillon 132 der Bundeswehr passiert worden ist, versperrt eine riesige, noch in Betrieb befindliche Kiesgrube die direkte Weiterfahrt Richtung Grethen. Der Umweg, bei dem die Parthe auf einem schmalen Brückchen überquert wird, führt nach **Pomßen.** Hier lohnt ein Abstecher zur eindrucksvollen romanischen Dorfkirche. In diesem als Wehrkirche im 13. Jahrhundert erbauten Gotteshaus hat der berühmte Leipziger Tho-

Waldsiedlung Lindhardt

Waldbad Naunhof
Wiesenstraße 48b
Tel.: (034293)-4 52 57

Dieter Dolezych
Naunhof, Bahnhofstraße 3
Tel.: (034293)-2 98 28

Wehrkirche Pomßen

maskantor Johann Sebastian Bach am 6. Februar 1727 zur Trauerfeier des Königlichen Kammerherrn Johann Christoph von Ponickau seine Kantate „Ich lasse dich nicht, du segnest mich denn“ (Bach-Werke-Verzeichnis 157) aufgeführt. Mit der ältesten spielbaren Orgel Sachsens besitzt die Kirche eines der wichtigsten Denkmale europäischer Orgelbaukunst. Aus einem Orgelpositiv der Renaissance vom Ende des 16. Jahrhunderts weiterentwickelt, ist sie 1670/71 vom Döbelner Orgelbaumeister Gottfried Richter erbaut worden. In der *„Orgell-Predigt“* betonte der Ortspfarrer Immanuel Weber anlässlich der Orgelweihe, dass das Instrument *„ferne“* sein solle dem *„Abgöttisch und Abergläubisch Geheule ... der Orgelln unter dem Pabstthum“* und stattdessen im *„lieblichen Spielen ... wohl klingen und ... manch frölich kirchenlied zur Ehre Gottes anstimmen“* solle. Sie besitzt ein Manual mit neun klingenden Registern und ein Pedal mit vier Registern. Diesem kostbaren Instrument gegenüber steht ein um 1560 entstandener Renaissancealtar aus der Freiberger Bildhauerschule Andreas Lorentz. Unter der Darstellung des Gekreuzigten knien 14 (namentlich genannte) Mitglieder der Stifterfamilie von Ponickau. Von besonderem Wert ist auch die sehr gut erhaltene Kassettendecke der Kirche, vermutlich von 1668. Auf 53 Tafeln sind Propheten, Evangelisten, Kirchenväter und Papst Gregor dargestellt.

In Pomßen wird erneut die Parthe, die hier durch den Mühlteich fließt, gequert und dahinter, nach kurzem, steilem Anstieg, die Hohe Straße erreicht. An einem schönen Rastplatz bietet sich ein herrlicher Rundblick in die Partheniederung und auf Großsteinberg sowie das rechts davon gelegene Schotterwerk. Vorbei an einer lang gestreckten Datschensiedlung, führt die Tour nach **Grethen** mit dem rechterhand direkt an der Strecke gelegenen Feuerwehrmuseum. Dort wird auf 200 m² die Geschichte von Brandschutz und Brandbekämpfung auf

Schloss Pomßen im Tudorstil

Wehrkirche Pomßen
Anmeldung über Pfarrer Michael Günz
Tel.: (034293) 2 95 26

Feuerwehrmuseum Grethen
Steinberger Straße 20
Tel.: (03437)-76 34 48

Rastplatz vor Grimma

Kuhweide vor Grethen

dem sächsischen Land präsentiert, durch Schrift und Bild, mit einem Diorama der Brandbekämpfung um 1900, besonders aber durch originale Ausrüstungsgegenstände, wie Handdruck- und andere Spritzen, Löschfahrzeuge oder Uniformen und Helme von Feuerwehren verschiedener Nationen. Am Ortsausgang Grethen geht es auf einem neuen Radweg weiter, der allerdings vor dem Bahnübergang wieder endet. Kurz hinter der Bahn führt nach links eine Straße zu dem nur wenige hundert Meter entfernten, 1922–1925 erbauten „Leipziger Naturfreundehaus". Radwanderer können dort, nach der gründlichen Renovierung des Gebäudekomplexes, wieder eine preisgünstige Unterkunft finden.

Die Parthe-Mulde-Radroute zweigt am erwähnten Abzweig hinter der Bahn nach rechts ab und führt auf ebenem Asphaltweg zum **Mönchteich** (auch Münch- oder Müncherteich). Im 14. Jahrhundert von den Grimmaer Augustinermönchen als Fischteich angelegt, nach der Reformation vom Landesherrn an das Rittergut Pomßen verpachtet und später von der Stadt Grimma erworben, wird der Teich seit den 1960er Jahren als Badesee mit Zeltplatz und Gaststätte genutzt.

Nach einer letzten leichten Steigung ist der höchste Punkt erreicht, und von da ab rollt man fast nur noch mit sanftem Gefälle hinunter nach **Grimma.** Die heutige Kreisstadt ist im 12. Jahrhundert unter dem Markgrafen Otto von Meißen als Kaufmannssiedlung am Muldenübergang der Straße von Leip-

„Leipziger Naturfreundehaus" in Grethen,
Herbergsweg 5
Tel.: (03437)-76 34 49

Stadtinformation Grimma,
Markt 23
Tel.: (03437)-9 85 82 85
www.grimma.de

Göschenhaus mit
Seumegedenkstätte
Schillerstraße 25
Tel.: (03437)-91 11 18

Kreismuseum Grimma
Paul-Gerhardt-Straße 43
Tel.: (03437)-91 11 32

Markt (oben) und
Wasserstandssäule

zig nach Meißen entstanden. Hier hat sich die Mulde um die 30–40 m tief in das nordwestsächsische Porphyrhügelland eingearbeitet und eine Talweitung mit steilen, heute größtenteils bewaldeten Hängen modelliert. Zunächst wird das rechterhand gelegene große Wohngebiet Grimma-West passiert. Errichtet ab 1959 von der Arbeiterwohnungsgenossenschaft Grimma und der Stadt, beherbergte es vor der Wende mehr als ein Drittel der Grimmaer Bevölkerung. Immer weiter geradeaus und bergab führt die Radtour direkt in die nach der Wende mit Liebe und Fleiß aufwändig sanierte Innenstadt. Die bedrückenden Fernsehbilder von der großen Flutkatastrophe im August 2002 hat die Grimmaer Altstadt ebenso wie den ungebrochenen Wiederaufbauwillen ihrer Bewohner deutschlandweit bekannt gemacht. Und das hat zu einer ungeahnten Welle der Hilfsbereitschaft geführt, die das Zusammenwachsen der ehemaligen beiden deutschen Staaten ungemein befördert hat. Unter dem Muldehochwasser hat die Grimmaer Altstadt schon immer zu leiden gehabt. So ist beispielsweise der Markt seit dem Mittelalter um knapp 2 m aufgefüllt

St.-Augustin-Gymnasium an der Mulde

worden, da die Erdgeschosse bei Flut oft unter Wasser standen. Heute betritt man das von 1442 stammende, mitten auf dem Markt stehende Rathaus, dem um 1585 ein eindrucksvoller Renaissancegiebel angebaut worden ist, eigentlich im ersten Obergeschoss – der Keller war ursprünglich Erdgeschoss. Sehenswert in der denkmalgeschützten Innenstadt sind auch die vielen alten Bürgerhäuser aus dem 16.–19. Jahrhundert, die spätromanische doppeltürmige Frauenkirche und das ehrwürdige Gymnasium St.-Augustin, das – ebenso wie die in Meißen und Schulpforte – bis heute an die Tradition der 1550 von Kurfürst Moritz von Sachsen gegründeten Fürstenschule anknüpft. Die vom Sächsischen Oberlandbaumeister M. D. Pöppelmann 1716–1719 erbaute Muldenbrücke mit ihrem prächtigen Wappenstein von 1724 ist durch die Flutkatastrophe ebenso erheblich beschädigt worden wie die bekannte Fußgängerhängebrücke über die Mulde von 1923/24. Ebenso reizvoll wie die Stadt selbst ist Grimmas nähere Umgebung mit Kloster Nimbschen, Schiffsmühle Höfgen, Göschenhaus und vielen Sehenswürdigkeiten mehr. Nehmen Sie sich Zeit!

Hotel und Restaurant
„Zur Schiffsmühle“ Höfgen
Tel.: (03437)-7 60 20

Hotel und Restaurant
„Kloster Nimbschen“
Tel.: (03437)-99 50

Am Kloster Nimbschen

Meister-
brief

# Töpfer, Ritter, Streuobstwiesen – Eine Tour ins Kohrener Land

# Töpfer, Ritter, Streuobstwiesen – Eine Tour ins Kohrener Land

# TOUR 5

## HINWEISE FÜR RADLER

| | |
|---|---|
| TOUR-EMPFEHLUNG | Ab Leipzig Hauptbahnhof, über den südlichen Auenwald ins Tagebaugebiet um Güldengossa und Störmthal, entlang der Landstraßen Richtung Frohburg, durch den Streitwald nach Kohren-Sahlis. |
| LÄNGE DER TOUR | 69,4 km |
| SCHWIERIGKEITSGRAD | Obwohl landschaftlich sehr reizvoll, ist die Tour aufgrund der Länge, des steigungsintensiven Profils, über Landstraßen sowie der Windanfälligkeit vor allem trainierten Radlern zu empfehlen. Die Bahnstation in Frohburg lässt Variationen der Strecke zu. Der Ausschilderung kann man gut folgen. |

## TOUR-ÜBERBLICK

| | |
|---|---|
| 0,0 | Hauptbahnhof, durch die Innenstadt in den Clara-Zetkin-Park, am Elsterflutbett bis zum Schleußiger Weg, diesen queren, weiter entlang der Pleiße |
| 4,6 | erste Brücke links, auf dem Hauptweg am Parkplatz vorbei, nächste Gabelung links, immer geradeaus in „Hörweite der B 2“, unter der Koburger Straße hindurch, wieder geradeaus, nach ca. 200 m links, unter der B 2 hindurch und gleich wieder rechts, weiter zum Umspannwerk |
| 8,0 | Raschwitzer Straße rechts, nach ca. 100 m links in Radweg einbiegen |
| 8,7 | Goethesteig queren, in den agra-Park, dort der Ausschilderung zum Torhaus folgen, gerade hindurch zur Bornaischen Straße, diese nach rechts einbiegen |
| 10,0 | vor Straßenbahnhof links in Eigenheimstraße fahren, immer geradeaus bis Radweg |
| 11,3 | Leinestraße rechts, vor dem Gewerbegebiet wieder rechts |
| 13,0 | Wachau, auf der Hauptstraße bis zum Rechtsknick, dort links in Richtung Auenhain, rechts halten, auf dem Radweg neben der Hauptstraße in Richtung Güldengossa |
| 16,5 | Güldengossa rechts in die Dorfstraße, links in die Schulstraße, am Schloss vorbei, dann halbrechts in die Störmthaler Straße |
| 18,4 | Störmthal, rechts in die Hauptstraße einbiegen, auf dieser bis |
| 24,7 | Oeltzschau, geradeaus über Kömmlitz nach |
| 28,9 | Hainichen, rechts über Anger links Richtung |

Leipzig Messegelände
Plaußig
Cradefeld
Taucha
Plosen
Graßdorf
Mockau
Portitz
Wahren
Thekla
Sehl
Möckern
Eutritzsch
Abtnaundorf
Leipzig Nordost
A 14
B 6
Gohlis
Schönefeld
Panitzsch
Leipzig Ost
B 87
LEIPZIG
Borsdor
Paunsdorf
Sommerfeld
B 6
Stünz
Anger-Crottendorf
B 186
Althen
Parthe
Mölkau
Beuch
Schleußig
Hirschfeld
Kleinpösna
B 2
Pleiße
Stötteritz
Holzhausen
Connewitz
Kleinpösna
Lößnig
Probstheida
Dölitz
Pösgraben
Seifertshain
Dösen
Meusdorf
Fuchshain
Wachau
Schaukelgraben
Großpösna
MARKKLEEBERG
Markkleeberger See
Auenhain
Zöbigker
Gaschwitz
Güldengossa
Störmthal
Threna
Belgersha
Großdeuben
Störmthaler See
Oelzschau
Rückhaltebecken
Dreiskau-Muckern
Kömmlitz
B 95
Pötzschau
Gösel
Mölbis
Hainiche
Döhlen
Trages
Rötha
Espenhain
Gaulis
Espenhain

Mölbis
Hainichen
Rötha
Espenhain
Trages
Gaulis
Stockheim
Espenhain
Pleiße
Steinbach
Kitzscher
Thierbach
Kahnsdorf
B 95
Jordanbach
Braußwig
Eula
Pleiße
Beucha
Eula
Dittmannsdorf
Neu-
kieritzsch
Großzössen
Speicher
Witznitz
B 176
B 176
Lobstädt
B 95 B 176
B 176
BORNA
Heuersdorf
Speicher
Borna
Bockwitzer
See
Deutzen
Zedtlitz
Schönau
Regis-
B 93
Wyhra
Nenkers-
dorf
Neu-
kirchen
Harthsee
Haselbach
B 95
Benndorf
Thräna
Kammer-
forst
Frohburg
Treben
Fockendorf
Pahna
Streitwald
Lehma
Eschefeld
B 7
Talsperre
Windisch-
leuba
Stöckigt
Wyhra
Gersten-
berg
Borgishain
Gnand-
stein
Wüsten-
hain
Unter-
Ober-
Unter-
Ober-
Dolsenhain
Zetzscha
B 7 B 93
Windisch-
leuba
Pöppschen
Wyhra
Rüdigsdorf
Molbitz
B 180
Bocka
ALTENBURG
B 7 B 180
B 95
Lödla
Wilchwitz

31,9 Stockheim, weiter Richtung Kitzscher, nach ca. 1 km Abzweig links nach
34,9 Steinbach, erster Abzweig rechts Richtung Borna, 200 m weiter links Richtung Beucha
40,9 Flößberg
45,9 Nenkersdorf
47,9 Frohburg (Bahnhof am OE links), der Ausschilderung Stadtbad folgen, nach dem Markt in die Brückengasse einbiegen, hinter dem Stadtbad der Ausschilderung Streitwald und Kohren folgen
50,9 Streitwald
56,2 Kohren, rechts halten, am alten Bahnhof vorbei, Richtung Rüdigsdorf
58,2 Rüdigsdorf, erster Abzweig rechts
59,9 Wüstenhain
60,9 Gnandstein, an der Burg vorbei, der Ausschilderung Streitwald folgen
63,1 Streitwald, Schloss
69,4 Frohburg, Bahnhof

Harthsee bei Nenkersdorf

Detail vom Töpferbrunnen in Kohren-Sahlis

# Töpfer, Ritter, Streuobstwiesen – Eine Tour ins Kohrener Land

RAINER TOTZKE

Straßenbahn 9 Markkleeberg-West, 11 ab Markkleeberg-Ost
Zug Leipzig–Frohburg

„ûf kohrens felsen môndes zinnen
burgfrôuweleins herzen zu gewinnen
stand îch bey nacht in gûotem minnen
sah' in meyns traumes land vun innen ..."

(Melchior von Mondaugen, Fragment, wahrscheinlich frühes 13. Jahrhundert, zit. aus: „Mitteldeutsche Minnesänge aus drei Jahrhunderten", Leipzig 1714)

Abb. S. 82/83: Töpferei Arnold in Kohren-Sahlis

Das Kohrener Land ist ein idyllischer Landstrich 40 km südöstlich von Leipzig, auf halbem Wege nach Chemnitz gelegen. Als Reise- und Ausflugsziel lockt es mit seinen Burgen, Schlössern und Parkanlagen wie der Burg Gnandstein, dem Rokoko-Park des Rittergutes Sahlis und dem Schwindpavillon in Rüdigsdorf. Die Stadt Kohren-Sahlis im Herzen des Kohrener Landes ist berühmt für ihre jahrhundertealte Töpfertradition. Noch heute gibt es im Ort zwei Schautöpfereien sowie ein Töpfermuseum. Jedes Jahr am Sonntag nach Himmelfahrt findet auf dem Marktplatz der Kohrener Töpfer- und Krügermarkt statt. Kohren hat eine reizvolle und abwechslungsreiche Landschaft mit kleinen Tälern und Hügeln, Waldgebieten und vor allem mit seinen vielen Streuobstwiesen. In der Kirschblütenzeit Ende April/Anfang Mai ist die Fahrt durchs Kohrener Land ein ganz besonderes Erlebnis!

Die Radtour beginnt am Hauptbahnhof Leipzig und führt durch den Südlichen Auenwald zunächst bis zum agra-Park. Dort lohnt ein kurzer Stop am Torhaus **Dölitz,** einem der Hauptkampfpunkte während der Völkerschlacht 1813. Durch **Dösen** hindurch geht es schließlich auf einem Fahrradweg hinaus in die offene Landschaft in Richtung **Wachau.**

Rechterhand hat man einen weiten Blick über die Weinteichsenke bis Markkleeberg-Ost. Die Weinteichsenke mit ihren artenreichen Feuchtwiesen, ihren Wander- und Reitwegen ist ein Refugium für Erholungssuchende und Naturliebhaber. Ganz in der Nähe der Stadt findet man hier Ruhe und Entspannung. Nicht mehr lange jedoch, wenn es nach dem Willen der Straßenbauämter geht, denn mitten hindurch soll in naher Zukunft die Staatsstraße 46 gebaut werden.

Von Wachau aus gelangt man nach **Auenhain;** am südlichen Ortsende machten dort einst die Bagger des Braunkohletagebaus Espenhain Halt. Jetzt bietet sich hier ein Panoramablick über den in Flutung befindlichen **Markkleeberger See** auf der einen Seite und den zukünftigen Störmthaler See auf der anderen Seite. Südlich und westlich von Auenhain wird demnächst die Autobahn A 38 – die Leipziger Südumfahrung – die Landschaft zerteilen. Noch aber führt der Weg auf einer beschaulichen Nebenstraße nach **Güldengossa.** Am dortigen Schloss (erbaut um 1720) mit seiner wunderschönen Parkanlage sei eine kleine Rast empfohlen. Das Areal soll in den nächsten Jahren zu einem Geschichts-, Kunst- und Kulturzentrum entwickelt werden. Das Schloss selbst kann der Besucher heute zwar noch nicht betreten, aber auch der Schlosspark hält mit seinen Teichen, den Installationen und Skulpturen sowie der Orangerie einige Überraschungen bereit. Von der wechselvollen Geschichte der Immobilie nach 1945 kündet eine Urkunde aus dem Jahre 1987, die im Schaufenster der

Am Aussichtspunkt Auenhain des ehemaligen Tagebaus Espenhain

„Zur Sehnsucht" in Güldengossa, Dorfgasse 5
Tel.: (034297)-4 26 16

Schloss Güldengossa mit englischem Park

Schloss Güldengossa und Kunstobjekt im Schlosspark

Orangerie platziert ist. Darauf wird dem als Lehrlingswohnheim genutzten Schloss vom zuständigen FDGB-Kreisvorsitzenden der Titel „Bereich der vorbildlichen Ordnung und Sicherheit" zuerkannt.

Auch **Störmthal** hat ein Schloss. 1693 erbaut, steht es heute leer und träumt wie viele andere Schlösser in Sachsen vergeblich von einer neuen Nutzung. Tatsächlich noch heute genutzt wird dagegen die berühmte Hildebrandorgel in der Störmthaler Kirche. Der Orgelbauer Zacharias Hildebrand war der bedeutendste Schüler von Gottfried Silbermann. Seine Orgel wurde am 2. November 1723 durch keinen Geringeren als Johann Sebastian Bach eingeweiht, der dazu eigens mit den Thomanern angereist war. Von Störmthal aus lohnt sich ein Abstecher ins Oberholz und den dortigen Botanischen Garten mit seinen vielen seltenen Heil- und Gewürzpflanzen. Der Garten wurde 1936 von Leipziger Drogisten gegründet und lädt heute mit seiner Parkanlage und dem Kleintierzoo auch viele Familien zum Wochenendbesuch ein. Über **Oelzschau** und **Kömmlitz** geht es weiter nach **Hainichen,** wo den Reisenden auf der Oelzschauer Straße direkt gegenüber der Kirche ein Fi-

Weidentipi im Botanischen Garten am Oberholz

Barocke Dorfkirche mit Hildebrandorgel in Störmthal

„Hermann Garten" am Schlosspark Steinbach Tel.: (034345)-2 27 97

Herrenhaus des Rittergutes Steinbach

letstück neuostdeutscher Selbstverwirklichungsarchitektur erwartet: Das gigantisch protzige „amerikanische Landhaus“ setzt Maßstäbe in puncto sensible Dorfentwicklung.

Der Ort **Steinbach** überrascht mit seinem imposanten, aber leider schwer baufälligen Rittergut samt Herrenhaus und Schlosspark im Barockstil. Die Anlage in ihrer heutigen Form stammt aus dem Jahr 1715. Damals wurde hier auf Geheiß des Geheimen Rates Wolff Siegfried von Kötteritz die alte, ursprünglich auf Pfählen errichtete Steinbacher Wasserburg überbaut. Die Gaststätte „Hermann Garten“ gleich am Schlosspark lädt zur Einkehr, bevor es auf wenig befahrenen Straßen durch eine verträumte, leicht hügelige Landschaft nach Flößberg und dann Richtung Frohburg geht. Bei warmem Wetter sei in **Nenkersdorf** ein kurzer **Abstecher zum Harthsee** empfohlen. In den Fluten des Tagebausees kann man sich noch einmal erfrischen, bevor die Tour ins Kohrener Land führt. Die Stadt **Frohburg** ist so etwas wie das Tor zum Kohrener Land. Sie wurde 1233 an der alten, von Leipzig über das Erzgebirge nach Prag verlaufenden Böhmischen Straße gegründet und war einst wie Kohren eine bekannte Töpferstadt. Sehenswert ist das Frohburger Schloss aus dem 16. Jahrhundert, in dem es unter anderem eine Ausstellung zum Töpfer-

Postmeilensäule von 1722 in Steinbach

Schloss Frohburg
Florian-Geyer-Straße 1
Tel.: (034348)-5 15 63

Stadtbad Frohburg
Tel.: (034348)-5 16 74

Fahrradgeschäft Poppitz in Frohburg
Tel.: (034348)-5 15 49

Frohburg von Norden und Harthsee

Wyhra mit Schloss Frohburg im Hintergrund

Gaststätte Mittelmühle
Kohren-Sahlis,
Mühlgasse 14,
Tel.: (034344)-6 49 85

Eiscafé Markt
Kohren-Sahlis, Markt 134
Tel.: (034344)-6 15 00

Burgruine Kohren-Sahlis

handwerk gibt. Der waldige Schlosspark entlang des Flüsschens Wyhra ist ein verträumter, stiller Ort. Einmal im Jahr hört man allerdings auch hier wie in der ganzen Gegend lautes Motorengedröhn. Dann ist es Anfang September und eine große Zahl Motorradpiloten und ihre Fans versammeln sich zum traditionellen „Frohburger Dreiecksrennen".

Frohburg hinter sich lassend, führt der Weg alsbald auf einem alten Bahndamm weiter, der heute zum Rad- und Wanderweg ausgebaut ist. Eine Stichbahn verband noch bis Mitte der 1960er Jahre Frohburg mit Kohren-Sahlis, wurde dann aber eingestellt, so dass Kohren heute nur noch per Bus von Borna, Frohburg, Geithain oder Altenburg aus zu erreichen ist. Ca. 100 m Gleise, eine Lok mit zwei Hängern und der Lokschuppen blieben freilich in Kohren-Sahlis selbst noch erhalten, und zum jährlichen Stadtfest Sonntag nach Himmelfahrt demonstriert der örtliche Eisenbahnverein stolz die Fahrtüchtigkeit seiner Schienenflotte.

Für den Radfahrer ist der alte Bahndamm der wohl schönste Streckenabschnitt der Tour. Er führt immer im Tal entlang durch den lauschigen, von vielen Flussläufen durchzogenen Streitwald direkt nach **Kohren-Sahlis.** Der Ort selbst ist mit 1 400 Einwohnern eine der kleinsten Städte Sachsens und besteht wie der Name sagt ursprünglich aus zwei Ortsteilen: der Stadt Kohren und dem Rittergut Sahlis. Urkundlich erwähnt wurde Kohren bereits 974, Stadtrecht hat es seit 1453. Der Zusammenschluss mit Sahlis erfolgte erst 1934. Die Burgruine mit den zwei erhalten gebliebenen Burgtürmen (aus dem 12. bzw. 13. Jahrhundert) ist eines der Wahrzeichen der Stadt und kündet von der wechselvollen und häufig kriegerischen Geschichte des Kohrener Landes im späten Mittelalter als Streitobjekt zwischen den Markgrafen von Meißen und dem Merseburger Stift. 1220 wurde die Burg von Markgraf Dietrich zerstört, danach zwar wieder aufgebaut, war sie aber bereits ab 1456

endgültig nicht mehr bewohnt. Ein kurzer (steiler) Abstecher auf die Burg lohnt sich durchaus, denn von hier aus hat man einen guten Blick über die Stadt und die beiden Täler mit den Wasserläufen von Maus-Bach (der von Süden aus Richtung Rüdigsdorf kommt) und Ratte-Bach (der von Osten aus Richtung Sahlis heranfließt), die sich am Fuße der Burg vereinigen. Der tierischen Namen bei den Kohrener Flussläufen nicht genug: Im Streitwald mündet die Ratte alsbald in die Katze, die sich schließlich in die Wyhra ergießt und Richtung Borna fließt. Von der Burg aus sei ein Abstecher zur Stadtkirche St. Gangolf (erbaut: erste Hälfte 13. Jahrhundert) und zum ehemaligen Pfarrgut von Kohren empfohlen. Drei Gebäudeflügel des Pfarrhofes werden heute von der Evangelischen Heimvolkshochschule genutzt. Ende der 1990er Jahre aufwendig saniert, bieten sie Übernachtungsmöglichkeiten, Seminar- und Tagungsräume. Der steil ansteigende Marktplatz von Kohren wird dominiert durch den berühmten Töpferbrunnen. 1928 vom Frohburger Künstler Kurt Feuerriegel geschaffen, zeugt er von der Jahrhundertelangen Töpfertradition des Ortes. Die Töpfereien Arnold und Müller, beide ebenso wie das Töpfereimuseum in unmittelbarer Nähe des Marktes gelegen, bieten neben traditionellen Töpferwaren auch Führungen und

Blick auf Kohren-Sahlis

Töpfermuseum
Baumgartenstraße 18
Tel.: (034344)-6 15 47

Hoffmannsche Sammlung
Kohren-Sahlis, Markt 71
Tel.: (034344)-6 17 79

Ev. Heimvolkshochschule
Kohren-Sahlis,
Pestalozzistraße 60 a
Tel.: (034344)-6 18 61

Töpferbrunnen

Kurse an. Wer sich über das Töpferhandwerk hinaus für die Kulturgeschichte der Region interessiert, dem sei zudem ein Besuch in der Hoffmannschen Sammlung empfohlen. Gleich gegenüber lädt die Mittelmühle zum wohlverdienten Mittagsmahl. Mit stilvollem Ambiente, gutem Essen, einem schönen Garten und einem weiten Blick über die Landschaft lockt auch das Hotel „Elisenhof" im Ortsteil **Terpitz** etwa ein Kilometer entfernt vom Kohrener Marktplatz (bergauf).

Vom Ortsteil Kohren führt eine stetig ansteigende Straße ostwärts nach Sahlis zum ehemaligen Rittergut. Zunächst im Besitz der Adelsfamilie von Einsiedel, kam das Gut 1754 in bürgerliche Hand. Die Leipziger Textilkaufmanns- und Verlegerfamilie Crusius erkor Sahlis zu ihrem Sommersitz, baute die Güter Sahlis und Rüdigsdorf zu Herrensitzen mit Gärten aus und passte diese an die jeweils herrschenden architektonischen Stilrichtungen an. Besonders bedeutsam für die Entwicklung des Kohrener Landes – und darüber hinaus vielfach auch für ganz Sachsen – war das unternehmerische Wirken von Heinrich Wilmhelm Leberecht Crusius in der ersten Hälfte des 19. Jahrhunderts. Crusius war nicht nur Mitbegründer der Leipziger Hagelversicherung und der Leipzig-Dresdner Eisenbahn-Compagnie. Er gründete auch die erste deutsche landwirtschaftliche Versuchsstation in Leipzig-Möckern.

Töpferei Arnold
Kohren-Sahlis,
Burggasse 9
Tel.: (034344)-6 13 25

Töpferei Müller
Kohren-Sahlis,
Steingasse 120
Tel.: (034344)-6 14 51

Fahrradgeschäft Voigt
Kohren-Sahlis,
Am Bahnhof 1
Tel.: (034344)-6 14 82

Landhotel „Elisenhof" in
Terpitz
Tel.: (034344)-6 14 39

Herrenhaus und Park des
Rittergutes Sahlis

In diesem Zusammenhang setzte er verschiedene landwirtschaftliche Neuerungen auf seinen Gütern im Kohrener Land durch, wie die Einführung des Fruchtwechsels, den Rapsanbau, die Kirschproduktion und die Haltung besonderer Nutztierrassen. Das Rittergut Sahlis wurde so in der ersten Hälfte des 19. Jahrhunderts zu einem ausgesprochenen Mustergut. Doch das ist Vergangenheit. Heute sind das Schloss und die Nebengebäude stark sanierungsbedürftig und für Besucher gesperrt. Der neue Besitzer bastelt schon seit längerem an einem tragfähigen Nutzungskonzept. Inzwischen bemüht sich die Kohrener Stadtverwaltung darum, wenigstens den zum Schloss gehörigen Rokokogarten (von 1771) mit seinen labyrinthischen Hecken, alten Springbrunnen und Plastiken zu pflegen und für die Öffentlichkeit begehbar zu halten, denn der Park ist einer der kulturellen Hauptattraktionen des Kohrener Landes. Der Zugang zum Rokokopark findet sich in Sahlis an der Peniger Straße Richtung Linda rechterhand noch vor dem Ortsausgang.

Nächste Station auf der Tour durchs Kohrener Land ist der Lindenteich mit dem Mühlenmuseum, einer alten Wassermühle aus dem Jahr 1528. Ein rühriger Verein betreibt neben dem Museum einen Mühlenladen und hat zudem eine alte Backstube rekonstruiert, in der an Wochenenden regelmäßig auf traditionelle Weise Brot (und manchmal auch Kuchen) für die Besucher gebacken werden. Gleich neben dem Museum liegt die Ausflugsgaststätte **Lindenvorwerk**. Ein Bootsverleih lockt den beinmüden Radler zur Kahnpartie auf dem Lindenteich. Baden allerdings kann man hier nicht.

**Rüdigsdorf** ist bekannt für seine Gutsanlage mit Herrenhaus und vor allem für den im Park stehenden Schwind-Pavillon. Auch dieser verdankt seine Entstehung Wilhelm Crusius, der nicht nur ein bedeutender Unternehmer, sondern auch ein großer Kunstmäzen war. Er lud bekannte Dichter, Maler und

Heinrich Wilhelm Crusius

Ausflugsgaststätte „Lindenvorwerk"
Tel.: (034344)-6 12 85

Lindigtmühle/Lindenvorwerk, Kontakt über Gaststätte „Lindenvorwerk"

„Kleiekotzer"
in der Lindigtmühle

Musiker wie Christian Fürchtegott Gellert, Schnorr von Carolsfeld, Ludwig Richter und Felix Mendelssohn-Bartholdy nach Rüdigsdorf ein. Nach Plänen von Gottfried Semper ließ Crusius 1836 den Gartenpavillon erbauen und beauftragte den Maler Moritz von Schwind mit der Ausgestaltung. Schwind entwarf einen großformatigen Wandfreskenzyklus, in dem die antike Sage von Amor und Psyche dargestellt wird. Rings umgeben von der eindrucksvollen altgriechischen Liebesgeschichte kann man sich heute in dem Pavillon standesamtlich trauen lassen. In der warmen Jahreszeit finden hier Kammerkonzerte statt.

Schwind-Pavillon
Rüdigsdorf
Tel.: (0178)-2 96 29 33

Von Rüdigsdorf aus geht die Tour weiter über einen Hügel nach **Wüstenhain**. Im Ort bietet sich rechterhand ein schöner Blick über eine große Streuobstwiese, die sich am Hang entlangstreckt. Der Obstanbau, auch in Form von Streuobstwiesen, war nicht zuletzt durch das Wirken von Wilhelm Crusius jahrzehntelang ein wichtiger wirtschaftlicher Erwerbszweig in der Region. Bis zu einer großen Frostkatastrophe 1929 galt das Kohrener Land als größtes Kirschenanbaugebiet Deutschlands. Auch zu DDR-Zeiten wurden die vielen Obst-

Gehöft in Wüstenhain

Streuobstwiese bei Wüstenhain

Natürlich und lecker – Kohrener Streuobstwiesen-apfelsaft

wiesen noch bewirtschaftet und doppelt genutzt: als Weide- bzw. Heumahdflächen einerseits und als Obstspender andererseits. Mit dem Anschluss an die neuen Märkte nach 1990 verloren die Wiesen ihre wirtschaftliche Bedeutung. In der Folge wurden einige von ihnen nicht mehr im nötigen Maße gepflegt, andere fielen Baumaßnahmen zum Opfer. Es gab kaum noch Nachpflanzungen. Umweltvereine aus der Region wie die GRÜNE LIGA Kohrener Land haben deshalb einige Streuobstwiesen in Pflege genommen, vermosten das geerntete Obst zu naturtrübem Kohrener Apfelsaft und versuchen, mit einer gezielten Öffentlichkeitsarbeit bei den Anwohnern, der Stadt und den Gemeindeverwaltungen das Bewusstsein für die ökologische und landschaftsästhetische Funktion der Streuobstwiesen zu stärken. Eine Region wie das Kohrener Land, die in wachsendem Maße vom Tourismus lebt, muss sich für den Erhalt ihrer landschaftsprägenden Elemente engagieren. Ökonomische und ökologische Weitsicht und das entsprechende Engagement sind von den Kohrener Kommunalpolitikern auch dann gefordert, wenn es um Stellungnahmen zu landschafts- und umweltgefährdenden Großprojekten wie einen geplanten großflächigen Tonabbau im Südosten des Koh-

Blick zur Burg Gnandstein

„Burg Gnandstein"
Tel.: (034344)-6 12 20

Gasthaus „Zum Tonkrug"
Gnandsteiner Hauptstraße 5
Tel.: (034344)-6 23 67

„Schmerzensmann" in der Burgkapelle, um 1500

rener Landes zwischen Jahnshain und Rathendorf oder den geplanten Neubau einer 12 000er-Schweinemastanlage im westlichen Teil des Kohrener Landschaftsschutzgebiets geht. Dem Tal der Wyhra folgend führt die Straße nun direkt auf die majestätisch auf dem Felsen thronende **Burg Gnandstein** zu. Sie gilt als die älteste erhaltene Burg Sachsens und ist eines der bekanntesten Ausflugsziele in der Region. Im 12. Jahrhundert errichtet und in den folgenden Jahrhunderten bis zur heutigen stattlichen Größe ausgebaut, war sie über Jahrhunderte im Besitz der Adelsfamilie von Einsiedel. Empfehlenswert ist ein Besuch im Burgmuseum. Vom 33 m hohen Bergfried aus bietet sich ein Panoramablick über das Dorf Gnandstein und das Kohrener Land bis hinüber nach Altenburg und in die Leipziger Tiefebene. Westlich der Burg fällt der malerisch auf Terrassen angelegte Burggarten ins Auge. Einer der wenigen Burggärtner Sachsens pflegt und bewirtschaftet die aus der

In Gnandstein unterhalb der Burg und am „Tonkrug“

Zeit um 1700 stammende Anlage seit ein paar Jahren wieder fachmännisch. Im Garten findet man nicht nur seltene Kräuter, Faserhanf und verschiedene Nelken, sondern auch fachkundigen Rat z. B. zu alten Obstsorten aus der Region. (Führungen und Gartenbesichtigung nach Vorabsprache – Kontakt über Museum Burg Gnandstein.)

Burg Gnandstein
Tel.: (034344)-6 13 09

Die Fahrradtour und auch der Tag neigen sich ihrem Ende entgegen. Ein Besuch in der Gaststätte „Zum Tonkrug“ zu Füßen der Burg sei aber noch empfohlen, bevor es durch den Streitwald und am Schloss Streitwald vorbei zurück nach **Frohburg** geht, wo der Regionalexpress nach Leipzig bereits wartet, während der Mond in der Dämmerung über dem Kohrener Land zu leuchten beginnt und man sich unwillkürlich an die eingangs zitierten Verse des Minnesängers Melchior von Mondaugen erinnert: *„ûf kohrens felsen mondes zinnen ...“*, und dann den Entschluss fasst, demnächst noch einmal übers Wochenende in die Gegend zurückzukehren, um den wundersamen Versen des mysteriösen Dichters nächtens auf der Kohrener Burgruine nachzuschleichen ...

Marktbrunnen in Frohburg

# Zwischen alten und neuen Landmarken durch Neuseenland nach Altenburg

# Zwischen alten und neuen Landmarken durch Neuseenland nach Altenburg

# TOUR 6

## HINWEISE FÜR RADLER

**TOUR-EMPFEHLUNG** Ab Leipzig Hauptbahnhof über den Pleiße-Radwanderweg bis Böhlen, durch Tagebaulandschaft bis Wyhratal, Erholungspark Pahna, Windischleuba bis Altenburg. Sehenswerte Tour, die an eindrucksvollen Siedlungs-, Industrie-, Auen- und Bergbaulandschaften vorbeiführt.

**LÄNGE DER TOUR** 58,0 km

**SCHWIERIGKEITSGRAD** Gesamtroute sehr sportlich, durch Kürzungsvarianten entsprechend dem Leistungsvermögen variierbar. Strecke verläuft überwiegend auf gut befahrbaren Rad- und Waldwegen, auf kurzen Abschnitten über Landstraßen. Südlich von Borna durch fehlende Ausschilderung erhöhte Orientierungsanforderungen.

## TOUR-ÜBERBLICK

| | |
|---|---|
| 0,0 | Hauptbahnhof, durch Clara-Zetkin-Park, am Elsterflutbett bis Schleußiger Weg, diesen queren, weiter an der Pleiße |
| 4,6 | erste Brücke links, auf dem Hauptweg am Parkplatz vorbei, nächste Gabelung links, geradeaus in „Hörweite" der B 2, unter der Koburger Straße hindurch, wieder geradeaus, nach ca. 200 m links, unter der B 2 hindurch und gleich wieder rechts, weiter zum Umspannwerk |
| 8,0 | Raschwitzer Straße, rechts, nach 100 m links auf Radweg |
| 8,7 | Goethesteig/Eingang agra-Park, geradeaus, nach 400 m rechts halten in Richtung Weißes Haus |
| 9,4 | B 2 unterqueren, agra-Park über Ausgang C verlassen, Parkstraße, Friedrich-Ebert-Straße zum |
| 10,7 | Bahnhof Markkleeberg, Rathausstraße zum Rathaus, Festanger, nach links, Mönchereistraße zum Pleißeradweg |
| 17,0 | Großdeuben, links bleiben, auf Radweg nach Böhlen |
| 19,4 | Pleißebrücke in Böhlen, direkt danach links in den Park, auf Radweg Richtung Rötha |
| 21,2 | auf Straße rechts Richtung Gaulis |
| 22,3 | Gaulis |
| 24,0 | Pleiße überqueren, weiter links |
| 25,6 | Abzweig rechts in Richtung Kahnsdorf |

Möckern
Eutritzsch
Abtnaundorf
B 6
Leipzig Nordost
A 14
Gohlis
Schönefeld
Panitzsch
Leipzig Ost
LEIPZIG
B 87
Borsdo
Sommerfeld
Paunsdorf
B 6
Stünz
Anger-Crottendorf
B 186
Althen
Parthe
Beuc
Mölkau
Hirschfeld
Kleinpösna
Schleußig
B 2
Pleiße
Stötteritz
Connewitz
Holzhausen
Kleinpösna
Lößnig
Pösgraben
Probstheida
Dölitz
Seifertshain
Dösen
Meusdorf
Fuchshain
Schaukelgraben
Wachau
Cospudener See
Großpösna
MARKKLEEBERG
Auenhain
Zöbigker
Gaschwitz
Güldengossa
Threna
Störmthal
Belgersha
Großdeuben
Rückhaltebecken Stöhna
Oelzschau
B 2
Dreiskau-Muckern
B 95
Kömmlitz
Pötzschau
Gösel
Mölbis
Böhlen
Rötha
Espenhain
Trages
Gaulis
Pleiße
Espenhain
Lippendorf
Thierbach
Kieritzsch
Kahnsdorf
B 95
Braußwig

Espenhain
Lippendorf
Thierbach
Kieritzsch
B 95
Kahnsdorf
Brauß
Pleiße
Eula
Pödelwitz
Großzössen
Großstolpen
Neu-
kieritzsch
Speicher
Witznitz
B 176
B 95
Droßkau
Lobstädt
Abbaufeld
Schleenhain
BORNA
Oellschütz
Heuersdorf
Hohendorf
Speicher
Borna
Berndorf
Deutzen
Zedtlitz
Lucka
B 93
Regis-
Ramsdorf
Wyhra
Schnauder
Neu-
kirchen
Haselbacher
See
Bünauroda
Halde
Phoenix-Ost
Haselbach
Benndorf
Thräna
Kammer-
forst
Treben
Wintersdorf
Fockendorf
Pahna
Pflichtendorf
Waltersdorf
Lehma
Eschefe
B 7
Talsperre
Windischleuba
Gersten-
berg
Rautenberg
Borgishain
Unter-
Ober-
Zechau
Unter-
Ober-
Zetzscha
Windisch-
leuba
Pöppschen
Rositz
Scheldritz
Molbitz
B 7
B 93
B 180
Bocka
ALTENBURG
B 7
B 180
Großröda
Lödla
Wilchwitz
Monstab
Schlauditz
Tegkwitz
Gerstenbach
Deutscher Bach
Göhren
Lossen
Kotteritz
Nobitz
Lutschütz
B 93 N
Mehna
Göhren
Kosma
Kürbitz
Paditz
Zschesch-
Nieder-
leupten
B 180

28,0 Kahnsdorf, weiter in Richtung Großzössen
►ABSTECHER (12,2 km): *ab Ortsausgang zum Aussichtspunkt Tagebau Vereinigtes Schleenhain über asphaltierte Landwirtschaftsstraße bis zur Landstraße, 200 m links, weiter auf Radweg über die Kippe Witznitz nach Neukieritzsch, dort über Leipiger Straße und B 176 zum Ziel*

30,5 Großzössen, weiter in Richtung Eula

31,5 Abzweig rechts

32,2 Brikettfabrik Witznitz, Witznitzer Werkstraße bis zur Hauptstraße über Rudolf-Virchow-Straße hinter der HELIOS-Klinik, nach links in Röthaer Straße (Hochhaus), über Radweg nach rechts Abfahrt zum Stadtkulturhaus, B 93 überqueren, Stadtzentrum

34,4 Borna, Reichstor (mit Stadtmuseum), weiter zum Dinterplatz (Gedenkstein), Freibad, dann links, nächste Gabelung rechts (rote Bandmarkierung), OE Zedtlitz, zur B 95, nach 200 m rechts in Platekaer Straße einbiegen, nach Wyhraüberquerung links unter Zwölfbogenbrücke, nach rechts, weiter auf Straße links nach Wyhra

40,7 Ortslage Wyhra, Bornaer Weg, Eschefelder Straße, nach OA links auf Feldweg Richtung Benndorf, Waldgebiet zunächst rechts liegen lassen

44,3 Wegekreuz westlich von Benndorf, nach rechts über Kastanienallee in den Wald, am nächsten Wegekreuz schmalen Pfad geradeaus benutzen (Wegweisung zum Erholungspark Pahna nach links führt bald zu weglosem Ackerrand), bei Erreichen des Hauptweges nach links (grüne Wegmarkierung), Ufer des Pahnaer Sees, dort links halten

47,2 Erholungspark Pahna, am Ende Strandpromenade Anstieg nach rechts, oben Straße queren und geradeaus auf Waldweg Richtung Pähnitz-Windischleuba, am Wegekreuz auf Fahrweg nach links

50,1 OE Pähnitz, Ernst-Thälmann-Straße bis zweiten Abzweig rechts, Abfahrt an Bolzplatz vorbei, sofort nach links in Erich-Mäder-Straße, Anstieg rechts, danach Abfahrt nach rechts auf Dammweg durch Vorbecken der Talsperre Windischleuba, B 7 nach rechts über Pleißebrücke nach Windischleuba

52,5 Schloß Windischleuba, über Erich-Mäder-Straße nach links in Luckaer Straße, Remsa, an Straßeneinmündung im Ort nach rechts Richtung Altenburg, zweite Einmündung links nach Poschwitz, Lindenweg, nach rechts zum Schloss und Schlosspark Poschwitz durch Park, auf Feldweg zum Getreidesilo, neuen Schlachthof links liegen lassen, Poschwitzer Straße, Richard-Wagner-Platz, Beethovenstraße zur B 93, nach links durch Bahnunterführung bis Lindenaumuseum

58,0 Bahnhof Altenburg

# Zwischen alten und neuen Landmarken durch Neuseenland nach Altenburg

ANDREAS BERKNER

„Flasche“ wird einer der Türme des Altenburger Schlosses genannt

Straßenbahn 11 bis Markkleeberg-Ost
Zug und S-Bahn Leipzig–Borna und Leipzig–Altenburg

Abb. S. 100/101: Kraftwerk Lippendorf

Am Pahnaer See

Wem wäre es vor einem reichlichen Jahrzehnt angesichts verbreiteter „Mondlandschaften“, verdreckter Flüsse und stinkender Abgasschwaden aus den Werken in Böhlen, Espenhain oder Deutzen wohl eingefallen, sich auf eine Radtour durch den Südraum Leipzig zu begeben? Vielerorts ließen wenig einladende Beschilderungen an Tagebaukanten und Betriebszäunen zudem keinerlei Missverständnisse aufkommen, dass Besucher hier nicht willkommen waren. Also bestenfalls eine Survival-Tour für Hartgesottene! Heute kann man mit gutem Gewissen eine abwechslungsreiche Südraumtour bis zur bereits im Lößhügelland gelegenen Skatstadt Altenburg empfehlen. Abweichend von der 45 km langen Direktroute wählen wir eine Streckenführung, die mit Schlenkern, Abstechern und nicht zuletzt etwa 250 Anstiegsmetern viele Highlights des „Leipziger Neuseenlands“ erschließt. Der stetige Verlauf nahe gut frequentierter Bahnlinien erlaubt Streckenkürzungen nach Lust und Laune. Wer Bewegung und Besichtigungen mit Muße verbinden möchte, sollte die Tour in zwei Etappen teilen. Borna bietet sich als Aus- und Wiedereinstiegspunkt an. Motivierende Bademöglichkeiten und Gaststätten konzentrieren sich in der zweiten Tourhälfte.

Der Weg führt als erstes durch die Große Kreisstadt **Markkleeberg**, die erst 1934 nach dem Zusammenschluss mehrerer

Pleiße-Radwanderweg bei Markkleeberg

Dörfer Stadtrecht erhielt. Über die Rathausstraße geht es nach einem Rechtsschwung zur Möncherei. Von hier sind es nur noch wenige Meter bis zum neuen, verbundgepflasterten Pleiße-Radwanderweg auf dem westlichen Deich. In flotter Fahrt geht es nach Süden, wo das Kraftwerk Lippendorf bereits ein markantes Wegzeichen bildet. Vorbei an der hölzernen Bogenbrücke über die Pleiße, die nach Markkleeberg-Ost führt, und hindurch unter der Staatsstraße 46 nehmen wir kaum wahr, dass wir auf einem gerade mal etwa 500 m breiten „Landpfeiler“ mit dem Siedlungsband Gaschwitz-Großdeuben unterwegs sind, der zwischen den Tagebauen Zwenkau (bis 1969 Böhlen) und Espenhain verblieben ist. Auch die Pleiße kann kaum verbergen, dass es sich hier nicht um einen natürlichen Flusslauf handelt. Sie wurde zwischen Regis-Breitingen und Markkleeberg seit den 50er Jahren auf 35 km Länge fast komplett verlegt, gedichtet und kanalisiert. Freilich hatte sich über die Jahrzehnte ein durchaus imposanter Gehölzbestand ausgebildet, der allerdings in den letzten Jahren weitgehend der Kettensäge zum Opfer fiel. Auch wenn es aus Naturschutz- und landschaftsästhetischen Gründen bedauerlich sein mag – Bäume auf Deichbauwerken bilden mit ihren Wurzeln Ansatz-

Eckhardt-Fahrradstation
am Hauptbahnhof Leipzig
Parkhaus West
(0341) 9 61 72 74

Am Pleißewehr bei Großdeuben

Schaufelrad eines Baggers im „Bergbau-Technik-Park“

Im Gutspark Großdeuben

punkte für Deichbrüche, wie das Katastrophenhochwasser vom August 2002 an der Mulde eindrücklich zeigte. Baumbestände und Kleingartenanlagen säumen unseren Weg. Bald treten links neue Landmarken ins Bild. Die ca. drei km entfernten Tagebau-Großgeräte auf der Espenhainer Kippe nördlich der Zentraldeponie Cröbern waren bis 2001 in der Sanierung im Einsatz und sollen als „Bergbau-Technik-Park“ erhalten bleiben. Halblinks in der Ferne zeigt sich bereits der bewaldete Höhenzug der Halde Trages. An der Cröbernschen Straße, die nach rechts zum Bahnhof **Gaschwitz** führt, wird die erste von drei „Sackgassenbrükken“ über die Pleiße erreicht, über die früher Landstraßen zu heute fast vergessenen, dem Tagebau zum Opfer gefallenen Dörfern wie Zehmen, Cröbern oder Crostewitz führten. Zwei weitere folgen noch bis Großdeuben. Vorerst aber dominiert die Baustelle der Autobahn A 38 unser Blickfeld, die bis Ende 2005 als „Leipziger Südtangente“ für die Verkehrsentlastung von Leipzig und die Aufwertung des Neuseenlandes gleichermaßen sorgen soll. Zwischen Gaschwitz und Großdeuben ist das 500 m lange Brückenbauwerk, das in einem Zug den Landpfeiler überqueren und auf der Espenhainer Kippe in das „Kleeblatt“ als Kreuzungsbauwerk mit der Bundesstraße 2/95 übergehen wird, bereits weit fortgeschritten. Lärmschutzwände sollen die Belastungen für die Menschen erträglich machen. In der Bauphase sind Umleitungen durch die Orte einzukalkulieren.

Nach dem Passieren des Großdeubener Kirchturms erreichen wir in Höhe der dritten „Sackgassenbrücke“ (Schutzhütte) eine imposante Gefällestufe in der Pleiße, die den Auslauf des Rückhaltebeckens Stöhna in die Pleiße markiert. Mit 11,4 Mill. $m^3$ Stauraum in einer flachen, bis 1976 auf Kippengelände angelegten Hohlform, bildet es jenseits von Pleiße und B 2/95 zugleich das letzte Hochwasserbollwerk vor der Stadt Leipzig und ein Wasservogelrefugium erster Ordnung (seit 1999 Naturschutzgebiet). Am nahen Abzweig zum Bahnhof **Großdeuben** informiert eine gut gestaltete Tafel über den nach 1700 angelegten Gutspark mit seinem umfangreichen Baumbestand. Das mehrfach umgebaute Herrenhaus brannte nach jahrzehntelangem Verfall 1997 teilweise nieder, ehe in den Folgejahren eine denkmalgerechte Dacherneuerung folgte. Der Park konnte 2000/01 nach historischem Vorbild wiederhergestellt werden.

Detail am Herrenhaus Großdeuben

Wenig später trifft der Weg auf die Großdeubener Hauptstraße, die uns nach links über die Pleiße in Richtung Böhlen führt. Nach der Unterquerung der Brücke der B 2 folgt der asphaltierte Radweg östlich der Straße und führt zur nächsten Pleißebrücke am Ortseingang Böhlen. Nach der Brücke führt der Radweg östlich vorbei am 650-jährigen **Böhlen,** das erst 1969 Stadtrecht erhielt und in der Industriegeschichte Mitteldeutschlands eine herausgehobene Position einnimmt. Über **Gaulis** geht es durch letzte Auenlandschaftsreste der Pleiße in dieser Gegend.

Fahrradgeschäft B. Ulrich
Böhlen, Röthaer Straße 1
Tel.: (034206)-5 32 03

„Jahnbaude“
Böhlen, Jahnstraße 27
Tel.: (034206)-7 22 58

Westlich der Auen liegt das große Industriegebiet, dessen Entwicklung mit dem Aufschluss des Tagebaus Böhlen 1921 und der Errichtung des gleichnamigen Kraftwerks 1925–1929 mit seinerzeit herausragenden 270 MW Leistung durch die Säch-

Pleißenaue bei Gaulis mit Blick auf das Kraftwerk Lippendorf

Zwiebelfeld bei Gaulis

Kraftwerk Lippendorf
Kommunikationszentrum
Tel./Fax:
(034342)-2 25 58/4 16
www.vattenfall.de

Dammweg zwischen Hainer
und Kahnsdorfer See

sischen Werke AG begann und im Zuge der Kriegsvorbereitung der Nationalsozialisten mit Brikettfabriken, Schwelereien und Treibstoffherstellung einen wesentlichen Ausbau mit Hochtechnologien jener Zeit erfuhr, ehe Bombardements der Alliierten im März 1945 zur Produktionseinstellung führten. Nach dem Krieg stand zunächst die Wiederherstellung der vorhandenen Produktionsbasis im Vordergrund, bevor es zu maßgeblichen Standorterweiterungen kam. So wurde 1965–68 das Kraftwerk Lippendorf mit 600 MW Leistung, 300-m-Hochschornstein und zwei 113-m-Kühltürmen errichtet; 1971–1975 kam im Zuge der damaligen RGW-Kooperation der Erdöl verarbeitende Olefinkomplex hinzu. In den 80er Jahren arbeiteten rund 8 000 Menschen im Industriegebiet. Den Bahnhof **Böhlen-Werke** konnten Reisende kaum verschlafen, da die Ausdünstungen vom Werk den Wecker zuverlässig ersetzten. Heute ist es hier fast wie in einem Luftkurort. Das Kraftwerk Böhlen und die Schwelereien wurden noch 1990 stillgelegt. Das Altkraftwerk Lippendorf stellte im April 2000 seinen Betrieb ein. Die Petrochemie hat in den Sächsischen Olefinwerken als Bestandteil des heute von DOW Chemical betriebenen Mitteldeutschen Olefinverbunds Anschluss an die Marktwirtschaft gefunden. Unübersehbar ist auch das **Neubaukraftwerk Lippendorf** mit seinen beiden 175 m hohen Kühltürmen, das mit 2 x 937 MW Leistung, einem Wirkungsgrad von über 42%, und den hohen, Schornsteine überflüssig machenden Umweltstandards weltweit Maßstäbe setzt. Pro Jahr werden bei über 7 500 Volllaststunden 10–12 Mill. t Braunkohle verstromt. Die Energiemenge reicht aus, um weit über 2 Mill. Haushalte zu versorgen. Insgesamt ist der Standort Böhlen mit rund 2 000 Beschäftigten „über den Berg".

Südlich von Gaulis schwenken wir auf die Trasse der ehemaligen, noch bis 1999 befahrenen Kohleverbindungsbahn zwischen Lippendorf und Thierbach ein und überqueren auf ei-

ner neuen Bogenbrücke an der Südwestecke des **Stausees Rötha** die Pleiße. Weiter geht es zum Wegekreuz nördlich des entstehenden Hainer Sees, dessen durch Straßen und Wege bereits bestens erschlossenes Nordufer durch eine markante Geländestufe geprägt wird. Hier öffnet sich der Blick über den Südteil der Leipziger Tieflandsbucht mit zahlreichen Landmarken, denen wir auf der Weiterfahrt noch begegnen werden. Der Badebeginn steht hier für 2006 in Aussicht. Eine kleine Abfahrt bringt uns auf den Kippendamm zwischen den Seen, der mit steigendem Wasserstand stetig schmaler und damit an Reiz gewinnen wird. Bis 1993 wurde hier noch Kohle gefördert. Der **Hainer See** (550 ha – links) soll für Freizeit- und Erholungsnutzungen entwickelt werden, während der **Kahnsdorfer See** (110 ha – rechts) dem Naturschutz vorbehalten bleibt. **Kahnsdorf** ist erreicht. In den 60er und 70er Jahren vom Tagebau weitgehend eingeschlossen, hat sich das Dorf seit 1990 gemausert, wie zahlreiche Neubauten zeigen. Der ehemals an der Pleiße gelegene Park hat viel von seinem einstigen Reiz eingebüßt. Vielleicht ändert sich das, wenn in wenigen Jahren die nahe „Lagune“ des Hainer Sees zum

Entstehender Kahnsdorfer See

Fahrrad-Center Wönicker
Rötha, Marienstraße 1
Tel.: (034206)-5 30 50

Kahnsdorf

Denkmal in Neukieritzsch für die hier in der Nähe geborene Katharina von Bora und ihren späteren Mann, den Reformator Martin Luther

Baden einlädt. Ein Abstecher zum ehemaligen Gemeindeamt führt zu einer Gedenktafel für Friedrich Schiller, der von den einst „harmonischen Landschaften“ und seiner Freundschaft zu Christian Gottfried Körner zur „Ode an die Freude“ inspiriert wurde.

Unbedingt empfohlen wird von Kahnsdorf aus ein **Abstecher zum Tagebau Vereinigtes Schleenhain,** der etwa fünf km entfernt liegenden, einzig verbliebenen aktiven Grube im Südraum Leipzig. Der Weg führt über Neukieritzsch, einem bis in die 1920er Jahre als „Bahnhof Kieritzsch“ bezeichneter Ort, der seinen Aufschwung an der Schnittstelle der Bahnlinien Leipzig–Altenburg, Pegau–Groitzsch–Neukieritzsch (stillgelegt) und Neukieritzsch–Borna–Geithain durch die umliegende Industrie erfuhr. In den Plattenbauten am nördlichen Ortsrand fanden sich vor Jahrzehnten umgesiedelte Dorfgemeinschaften wieder. Insgesamt mussten im Südraum Leipzig rund 60 Dörfer mit 23000 Menschen den Tagebauen weichen. Auch das ursprünglich in der Flur Zölsdorf im Abbaufeld Schleenhain stehende, 1984 umgesetzte und 1992 endgültig in der Ortsmitte aufgestellte Lutherdenkmal, das an den Witwensitz seiner Gattin erinnert, teilte dieses Schicksal. Am Zaun einer Bisonfarm entlang geht es nach links auf den Radweg

Tagebau Vereinigtes Schleenhain

i

Mitteldeutsche Braunkohlengesellschaft mbH (MIBRAG)
Tel.: (03441)-68 45 15
www.mibrag.de

parallel zur B 176 Richtung Groitzsch zum Aussichtspunkt am Tagebau Vereinigtes Schleenhain. Von der B 176 sind noch einige Stufen im Abstieg zu bewältigen, ehe sich der Blick in das gewaltige Loch öffnet. Schautafeln erläutern Geologie und Abbautechnologie der Lagerstätte; Bänke laden zur Rast ein. Im 100 m tiefen Tagebau sind Kohleflöze, Bagger, Bandtrassen und Abraumverkippung gut erkennbar. Noch bis 2040 soll hier der Kohleabbau für das Kraftwerk Lippendorf erfolgen.

Rastplatz am Tagebauaussichtspunkt

Doch zurück nach **Kahnsdorf**, dem Ausgangspunkt des Abstechers. Von hier führt die Tour zunächst südlich nach **Großzössen** und dann nach Osten über die kanalisierte Wyhra hinweg durch ein Wäldchen zum **Speicher Witznitz,** wo wir dem Weg zwischen seinem Nordufer und dem Lauf der Eula folgen. Vom Zulauf des Beckens aus folgen wir der Straße, die nördlich und östlich der bewaldeten Haldenflanke folgt. Anstatt nach Osten in Richtung Kesselshain/Eula abzubiegen, bleiben wir auf „Südkurs“ und erreichen leicht ansteigend nach einigen Minuten die **Brikettfabrik Witznitz,** deren gelbe Backsteinsilhouette mit 100-m-Schornstein schon lange vorher zum Blickfang wurde. Hier lockt das „Faszinosum“ mit seinen physikalischen Experimenten zur „spielenden Besichtigung“; auch ein Rundgang um die Bauhülle ist zu empfehlen.

Katrozan
Borna, Dinterplatz 5a
Tel.: (03433)-20 70 90

Kopsch
Borna, Roßmarktstraße 8
Tel.: (03433)-20 94 50

Ehemalige Brikettfabrik Witznitz

„Faszinosum“
Borna, Witznitzer Werkstraße
Tel.: (03433)-24 26 39
www.faszinosum.de

Fußgängerzone mit Reichstor in Borna

Museum der Stadt Borna
An der Mauer 2–4
Tel.: (03433)-2 78 60

Kunigundenkirche

Spätgotische Stadtkirche St. Marien

Leicht ansteigend geht es über die Witznitzer Werkstraße, weiter an der HELIOS-Klinik (Hauptbau 1963 als eines der modernsten Krankenhäuser der DDR eingeweiht) und dem 1965 fertig gestellten, 1999/2000 grundhaft sanierten Hochhaus vorbei zum Stadtkulturhaus und Zentrum des über 1 000-jährigen **Borna**. Die einstige „Revierhauptstadt" ist seit 1999 wieder Kreisstadt. Bald taucht das Reichstor mit dem verbliebenen Rest der Stadtmauer vor uns auf, das zugleich das Museum der Stadt beherbergt. Reichsstraße (Fußgängerzone) und Markt (mit Rathaus und Goldenem Stern) bieten zugleich eindrucksvolle Stadtansichten und Möglichkeiten zum Nachfassen von Proviant vor dem letzten Wegdrittel. Vorbei am Gedenkstein für den in Borna geborenen Pädagogen Paul Dinter (1760–1831) führt der Pfad durch die Wyhraaue zum Freibad, bevor über eine Offenlandschaft mit schattigen Rastplätzen und den „Weinberg" **Zedtlitz** in Sicht kommt.

Da der „Schleichweg" durch den Ort nicht leicht zu finden ist, berühren wir kurz die B 95, ehe es wieder nach rechts über die Wyhra hinweg zur „Zwölfbogenbrücke" geht, die seit mehr als 130 Jahren die Bahnlinie von Borna über Frohburg nach Geithain trägt und einen architektonisch reizvollen Eingang ins „Kohrener Land" markiert. Nach rechts und gleich wieder links

Eingang zum Herrenhaus in Zedlitz und Wehr in der Wyhra

führt die Straße weiter zum Ortseingang Wyhra, wo wir vor der Qual der Wahl stehen. Nach links führt ein neuer Radweg auf ehemaliger Grubenbahntrasse direkt zum CULT, der ehemaligen **Brikettfabrik Neukirchen** mit ihren Verlockungen zwischen Diskothek, Erlebnisgastronomie in der „Zeche II“ und Badefreuden am nahen **Harthsee**. 1911 nach Plänen des Architekten Schiemichen fertig gestellt, bis 1971 betrieben und den südöstlichen Rand des Bornaer Reviers weithin sichtbar markierend, stand das Industriedenkmal 1995 mitten im Abriss, ehe gerade noch rechtzeitig das Ruder in Richtung Erhalt und „Freizeittempel“ herumgerissen werden konnte. Wer diese Variante wählt, wird sich anschließend kaum für den Weiterweg motivieren können, der freilich Reize ganz neuer Art verspricht. So bietet das Volkskundemuseum in Wyhra eine willkommene Möglichkeit, in einem intakt gebliebenen Vierseithof einen Eindruck vom bäuerlichen Leben in früheren Zeiten zu gewinnen. Nach dem Verlassen des Dorfes taucht vor uns schon das große Waldgebiet der Pahna auf, das zunächst rechts des Feldweges nach Benndorf liegen bleibt, bevor wir am markanten Wegkreuz nach rechts, vorbei an Kastanien, für geraume Zeit unter die Schatten spendenden Laubdächer eintauchen. Hier wird unser Orientierungsvermögen auf die Pro-

Brikettfabrik Neukirchen, heute CULT

„Zeche II“ in der Brikettfabrik Neukirchen
Tel.: (03433)-20 94 50

Volkskundemuseum Wyhratal
Tel.: (03433)-85 10 71

Campingplatz Harthsee
Tel.: (0175)-4 17 90 70

Am Nordstrand des Harthsees

Textilstrand am Pahnaer See

Erholungspark Pahna
Tel.: (034343)-5 19 14
www.camping-pahna.de

„Am Stausee" Fockendorf
Tel.: (034343)-5 19 24

Gehöft in Windischleuba

be gestellt (am Wegekreuz im Wald geradeaus statt gemäß Ausschilderung zum Erholungspark Pahna nach links), bevor wir den **Pahnaer See** quasi durch die Hintertür erreichen. Am alten Zeltkino vorbei ist der Strand des 25 ha großen Sees in der 1956 stillgelegten Grube „Augusta" schnell erreicht, wo Bademöglichkeiten, Gastronomie und ein Spielplatz zu einer letzten größeren Rast einladen. Schautafeln am Eingang zum Erholungspark informieren zur Bergbaugeschichte.

Wir sind in Thüringen. Durch den Wald geht es nach Westen in Richtung Stauseegaststätte Fockendorf, die sich mit ihrem großen Freisitz durchaus für einen Abstecher anbietet. Bereits vorher führt nach Passieren eines Schlagbaums ein Fahrweg nach links bald in rasanter Abfahrt, dann im unvermeidlichen Gegenanstieg nach **Pähnitz** an der **Talsperre Windischleuba.** Am Ortsausgang ist eindrucksvoll zu besichtigen, dass in der Verlandungszone am Pleißeeinlauf 50 Jahre ausgereicht haben, um einen vitalen Weichholz-Auenwald entstehen zu lassen. Der anschließende Dammweg zwischen den Vorbecken der Talsperre (Naturschutzgebiet) eignet sich bestens für die Ausschau nach Wasservögeln – Weißstörche oder Graureiher sind hier keine Seltenheit. Auf der B 7 überqueren wir zum letzten Mal die Pleiße, ehe **Windischleuba** mit seinem reichen und immer noch sehenswerten Bestand an Fachwerkhäusern erreicht ist. Hauptanziehungspunkt im Dorf ist das wallgrabengesäumte Wasserschloss, das zuletzt vom Balladendichter Börries Freiherr von Münchhausen (1877–1945) bewohnt wurde und heute Jugendherberge ist. Der Schlosspark mit seinen prächtigen Blutbuchen, „Tulpenbäumen" und dem „Buschbaum" hat schon „gepflegtere Zeiten" erlebt und ist trotzdem eine Schleife wert.

Einst Schloss, heute Jugendherberge Windischleuba

Am Pestalozziplatz vor dem Schloss haben wir zum letzten Mal die Wahl. Durch das Dorf führt der Weg über die stark befahrene, nach Fertigstellung der Ortsumgehung Altenburg hoffentlich entlastete Luckaer Straße nach Remsa. Alternativ führt ein vom Platz abgehender Feldweg, der später in einen schmalen, grasgesäumten und bei Nässe nicht zu empfehlenden Pfad durch die Pleißenaue übergeht, dorthin, wo wir uns endgültig nach Altenburg wenden. Bald passieren wir **Poschwitz** mit seinem leider heruntergekommenen Schloss, aus dessen Besitzerfamilie Hans Conon von der Gabelentz (1807–1874) als Sprachgenie herausragte. Nach der Fahrt durch den kleinen Park empfängt uns ein zwiespältiger Anblick: rechts die Betonklötze der Getreidewirtschaft und halb-

Dammweg am Stausee Windischleuba

Jugendherberge Windischleuba
Pestalozziplatz 1
Tel: (03447)-83 44 71

Die „Roten Spitzen“

links endlich die Türme der Residenz- und Skatstadt **Altenburg** mit Hausmannsturm und „Flasche“ im Schloss, Roten Spitzen, Agnes-, Brüderkirche und St. Bartholomäi. Auf mehreren Hügeln errichtet, ist die bezaubernde Vielfalt der Stadt eine Folge davon, dass sie über Jahrhunderte Residenzstadt war. Die staufischen Kaiser machten die Reichsstadt zum Zentrum des Reichslandes Pleißenland. Neben der romanischen Krypta der Stadtkirche St. Bartholomäi sind die beiden ungleichen Roten Spitzen – einst Türme der 1172 erwähnten Klosterkirche – bauliche Zeugnisse dieser Zeit. Am Schlachthof (links) vorbei folgt die letzte, flotte Abfahrt zum Richard-Wagner-Platz, ehe mit der traditionsreichen Spielkartenfabrik und über die B 93 nach der Passage der Eisenbahnbrücke mit dem Lindenaumuseum und Mauritianum erste Sehenswürdigkeiten erreicht sind. Ersteres beherbergt u. a. die größte Sammlung früher italienischer Tafelmalerei außerhalb Italiens, letzteres u. a. die Sammlungen der Naturforschenden Gesellschaft. Durch den wohl nach Plänen Peter Joseph Lennés seit 1827 angelegten Schlosspark führt der Weg zum Schlossberg. Hier befand sich schon eine Kaiserpfalz. Bereits im frühen 15. Jahrhundert erfuhr die Burg einen residenzartigen Ausbau und wurde Tatort des berühmten sächsischen Prinzenraubes von 1455.

Naturkundemuseum
Mauritianum Altenburg
Parkstraße 1
Tel.: (03447)-25 89

Lindenaumuseum
Gabelentzstraße 5

Schloss- und Spielkartenmuseum Altenburg
Schloss 2–4
Tel.: (03447)-31 51 93

Wappen der Herzöge von Sachsen-Altenburg am Schlosstor und Park am Lindenaumuseum

Schlosshof

Seine heutige Gestalt erhielt das Schloss vor allem durch den Umbau von 1706 bis 1732 unter Baumeister Gottfried Samuel Vater. Hier haben Schloss- und Spielkartenmuseum ihre Heimstatt. Die jahrhundertealten Traditionen der Skatstadt werden ausführlich dokumentiert. Auch ein Besuch der 1413 geweihten Schlosskirche lohnt sich (Trostorgel von 1738). Zu Füßen des Schlossberges liegt das einstige Hoftheater, erbaut im Geiste der Semperschule. Unbedingt sehenswert ist auch die Altstadt. Der Rundgang sollte den Brühl mit Skatbrunnen und Seckendorffschem Palais, die St.-Bartholomai-Kirche, den Markt mit Renaissance-Rathaus und Brüderkirche, den Kornmarkt, den Wasserkunstturm und die „Rote Spitzen" einschließen, ehe die Tour in einem der vielen Gasthäuser bzw. – vorbei am Schloss und über die Bahnhofstraße - am Bahnhof endet, wo wir nicht lange auf die Rückfahrt zu warten brauchen und uns über eine respektable körperliche Leistung freuen können.

„Mittelalterliche Erlebnisschenke", Johann-Sebastian-Bach-Straße 11
Tel.: (03447)-31 35 32

Fahrraddienst Mende
Gabelentzstraße 8
Tel.: (03447)-50 06 25

Wenzel am Bahnhof

# Kirchen, Klöster und Burgen auf dem Weg in die ottonische Bischofsstadt Zeitz

# Kirchen, Klöster und Burgen auf dem Weg in die ottonische Bischofsstadt Zeitz

# TOUR 7

## HINWEISE FÜR RADLER

TOUR-EMPFEHLUNG Kirchen, Klöster und Burgen erzählen die Geschichte einer „Boom-Region“ des Mittelalters. Mehr als die Hälfte der Route kann auf dem Elsterradweg gefahren werden, zwischen Knauthain und Weideroda ist eine Strecke mit wenig bekannten, aber lohnenden Sehenswürdigkeiten gewählt. In Zeitz schließt sich das Radwegsystem „Straße der Romanik“ an (über Droyßig und Osterfeld nach Naumburg).

LÄNGE DER TOUR 55,2 km

SCHWIERIGKEITSGRAD Die Strecke verläuft überwiegend eben, bis Pegau jedoch weitgehend über windanfällige Landstraßen. Ab Pegau folgt man dem landschaftlich sehenswerten Elster-Radweg, allerdings erfordert der Streckenverlauf aufgrund mangelnder Ausschilderung erhöhte Konzentration.

## TOUR-ÜBERBLICK

0,0 Thomaskirche, durch Innenstadt und Clara-Zetkin-Park zur Pferderennbahn, Elsterflutkanal auf Rennbahnsteg, Nonne, Schleußiger Weg queren, entlang des Elsterflutbettes bis

7,5 Brückenstraße, nach rechts, nach 400 m links in den Lauerschen Weg einbiegen, entlang der Elster, am ersten asphaltierten Weg nach rechts Richtung

11,3 Knauthain, bis Seumestraße, dort links bis Ortsausgang Hartmannsdorf, wieder links Richtung

16,1 Knautnaundorf, Landstraße über Kleinschkorlopp nach

21,8 Kitzen, weiter der Landstraße folgen über Thesau und Sittel nach

25,4 Werben, im Ort links abbiegen, in Seegel rechts in Richtung

29,1 Großstorkwitz, im Ort rechts in den Weg nach Weideroda abbiegen, dort der Ausschilderung Elsterradweg folgen bis

32,5 Pegau, über Helbigstraße, Martin-Luther-Platz und Leipziger Straße die Stadt verlassen, zur Tankstelle abbiegen, B 2 auf dieser Höhe queren,

►ABSTECHER (4 km): *nach Groitzsch, über alte Landstraße* zurück in Pegau auf asphaltiertem Weg bis Firmengelände, davor auf schmalem Radweg nach rechts

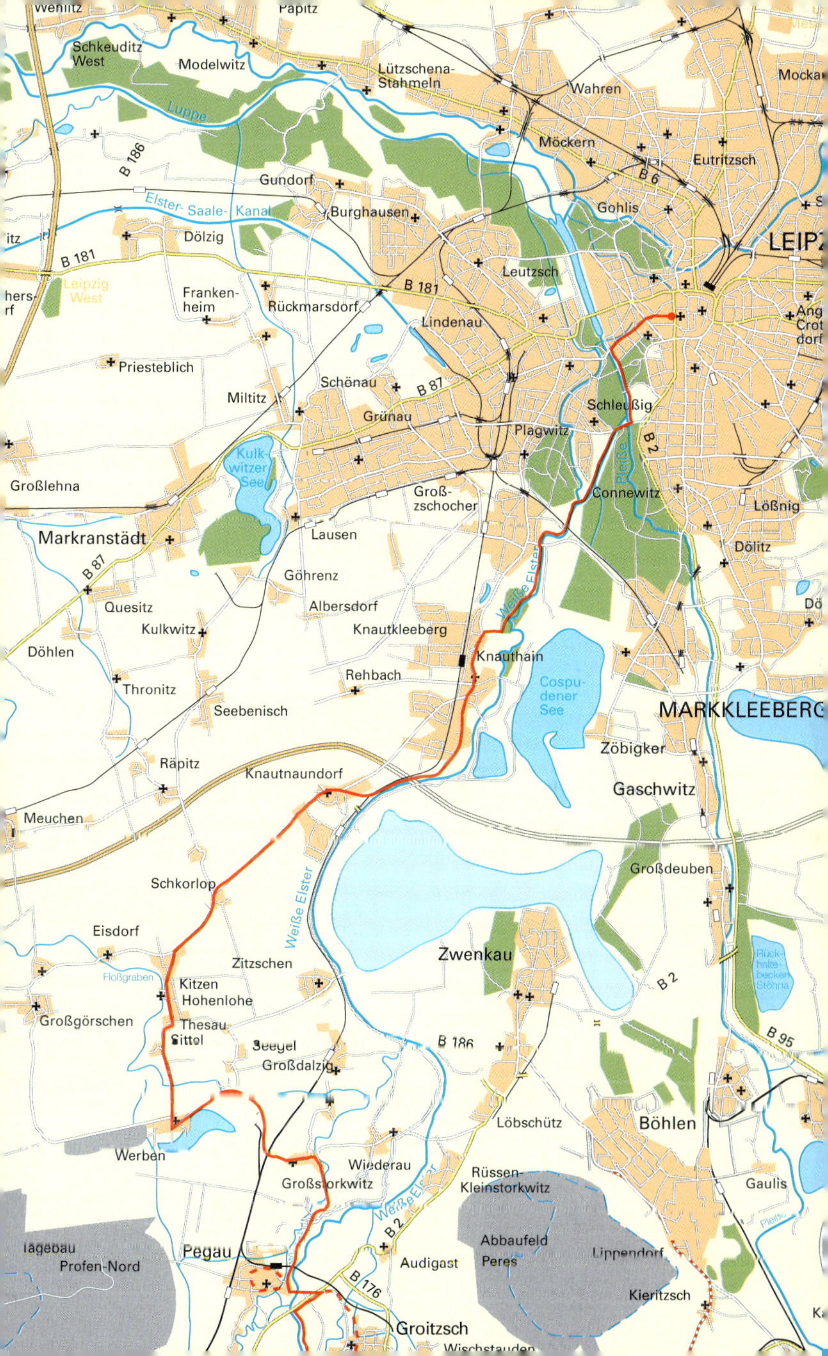

Papitz
Schkeuditz West
Modelwitz
Lützschena-Stahmeln
Wahren
Mockau
Luppe
Möckern
Eutritzsch
B 186
Gundorf
B 6
Elster-Saale-Kanal
Burghausen
Gohlis
Dölzig
LEIPZ
B 181
Leutzsch
Leipzig West
Frankenheim
Rückmarsdorf
B 181
Lindenau
Priesteblich
Schönau
B 87
Miltitz
Grünau
Schleußig
Plagwitz
Kulkwitzer See
B 2
Pleiße
Großlehna
Groß-zschocher
Connewitz
Lößnig
Markranstädt
Lausen
Dölitz
B 87
Göhrenz
Quesitz
Albersdorf
Weiße Elster
Kulkwitz
Knautkleeberg
Döhlen
Knauthain
Rehbach
Cospudener See
Thronitz
Seebenisch
MARKKLEEBERG
Zöbigker
Räpitz
Knautnaundorf
Gaschwitz
Meuchen
Großdeuben
Schkorlop
Weiße Elster
Eisdorf
Zitzschen
Zwenkau
Floßgraben
Kitzen
Hohenlohe
Rückhaltebecken Stöhna
B 2
Großgörschen
Thesau
Sittel
Seegel
B 186
B 95
Großdalzig
Löbschütz
Böhlen
Werben
Wiederau
Großstorkwitz
Rüssen-Kleinstorkwitz
Gaulis
Weiße Elster
B 2
Profen-Nord
Abbaufeld Peres
Pegau
Audigast
Lippendorf
B 176
Kieritzsch
Groitzsch

Sittel
Seegel
Großdalzig
B 186
Muschwitz
Grunebach
Söhesten
Göthewitz
Tornau
Werben
Wiederau
Großstorkwitz
Weiße Elster
B 2
Groß-
grimma
Tagebau
Profen-Nord
Pegau
Audigast
B 176
Groitzsch
Brösen
Hohen-
mölsen
Elster-
trebnitz
Tagebau
Profen-
Jaucha
Alten-
groitzsch
Zembschen
Mondsee
Saasdorf
Profe
Gatzen
Nöthnitz
Bennewitz
Löbnitz
Naundorf
Methewitz
Kleinprießligk
Reuden
Auligk
Michelwitz
Draschwitz
Minkwitz
Maltitz
Etzoldshain
Traupitz
Langendorf
Floßgraben
Nonnewitz
Ostrau
Göbitz
Prößdorf
Maibach
Theißen
Könderitz
Döbitzschen
Torna
Falkenhain
Staschwitz
Maßnitz
B 91
Zangenberg
Hydrierwerk
Zeitz
Krimmitzschen
Mumsdorf
Rehmsdorf
ZEITZ
Tröglitz
Gleina
Sprossen
Großosida
B 180
Schnauder
Loitsch
Bergisdorf
Bockwitz
Spora
Neupoder-
schau
Golben
Kuhndorf
Geußnitz
Suxdorf
Würchwitz
Rippicha
Droßdorf
Röden
Nißma
Frauenhain
Wildenborn
Lobas
Klein-
röda
Zetzschdorf
Zettweil
Lindenberg
Großpörthen
Pöhla
Nedissen
Kayna
Starkenberg
Dragsdorf
Roda

33,8 Weggabelung und Rastplatz, hier links weiterfahren
37,6 Abzweig rechts
38,7 Abzweig links und wieder rechts
40,8 Abzweig links (ohne Schild)
42,7 Abzweig rechts (Schild nur von hinten!)
43,6 Abzweig rechts (beschildert)
44,2 ►ABSTECHER: *Etzoldshain, hier links abbiegen*
44,9 Ostrau, nach links auf die Hauptstraße, hinter der Bushaltestelle rechts
46,2 vor Draschwitz links
47,5 Göbitz rechts
49,0 OE Maßnitz, Ort durchfahren, nach 1,5 km Abzweig rechts, auf den Radweg links der Straße
52,0 Abzweig links zum Kloster Posa, steile Auffahrt durch Plantage, an Gutseinfahrt steile Abfahrt nach Zeitz
53,5 über Tröglitzer Straße, Schützenplatz und Schützenstraße in die Oberstadt, von dort über Wendische Straße, Roßmarkt, Neumarkt, Altmarkt, Brüderstraße und Nicolai-platz in die Unterstadt, nach Querung der Schloßstraße zur
55,2 Moritzburg, über Badstubenvorstadt, Geschwister-Scholl-Straße rechts und Brückenstraße links zum Bahnhof

Pferdekoppel an der Kirche in Ostrau

# Kirchen, Klöster und Burgen auf dem Weg in die ottonische Bischofsstadt Zeitz

CHRISTOPH KÜHN

In der Stiftskirche zu Zeitz

Straßenbahn 3 bis Endstelle Knautkleeberg, Straßenbahn 11 bis Markkleeberg-Ost Regionalbahn, Regionalexpress Leipzig–Zeitz

Kühnis Fahrradverleih am Bahnhof Knauthain (nur am Wochenende) Tel.: (0179)-521 16 28

Kühnis Fahrradeck Leipzig, Am Mühlgraben 2 Tel.: (0341)-429 17 47

Abb. S. 120/121: Kreuzgang der Zeitzer Stiftskirche

Das Hochmittelalter war die Zeit des großen Aufbruchs, der das abendländische Europa aus einer armen und stagnierenden Welt in eine dynamische, schöpferische Welt verwandelt hat. 968 hatte Otto der Große die Bistümer Meißen, Merseburg und Zeitz gegründet, und der Erfolg ließ trotz mancher Rückschläge nicht auf sich warten. „Als nach der heilbringenden Geburt durch die unbefleckte Jungfrau die Reihe der tausend Zahlen vollendet war, erleuchtete ein heller Morgen die Welt", notierte Bischof Thietmar zum Jahr 1004 in seiner Merseburger Chronik. Der Reichtum des Landes nährte sich aus den fetten Böden der Flussauen und der Lage als Durchgangsregion zwischen den Kathedralstädten der neuen Sorbenbistümer. In den Burgwarden bildeten sich Herrschaften. Aber noch war das Land wild und von Fehden gezeichnet. Mit dem Landesausbau, der an der Elster schon um 1100 einsetzte, entstanden in Pegau und Posa die ersten Klöster östlich des „Limes sorabicus", der alten Reichsgrenze an der Saale. Gemäß ihrem Lebensprinzip „ora et labora" (Bete und arbeite) prägten die Mönche die Kulturlandschaft und beteten für das Seelenheil der großen Familien, ihrer Stifter. Bald traten den Benediktinern weitere Orden zur Seite: Zisterzienserinnen in Hohenlohe und Franziskaner in Zeitz, einer Stadt, in der die Tradition des ottonischen Domes als Kano-

nikerstift fortlebte. Als Ausdruck eines blühenden Bürgertums wurden große Stadtkirchen errichtet. Eine hohe Dichte von Pfarrdörfern belegt, dass die Kirchlichkeit auch auf dem Land einen intensiven Ausbau erfuhr.
Eine Radtour zu den Spuren der Geschichte dieser Landschaft an der Elster könnte daher folgerichtig an der **Thomaskirche** beginnen. Als Markgraf Dietrich 1212 ein Augustinerchorherrenstift gründete, wurde sie zum geistigen Zentrum für Landesausbau und Pfarrorganisation im Leipziger Land. Bis 1496 schuf das durch Handel und Bergbau reiche Bürgertum das große Kirchenschiff mit seinem Steildach. Außerhalb der Innenstadt stand das Frauenkloster St. Georg. Die Zisterzienserinnen aus Hohenlohe waren 1240 in den Schutz der Pleißenburg gezogen. Nach der Reformation wurde das Kloster aufgelöst und abgerissen. Zur Erinnerung blieb der Klosterwald **„Die Nonne“**, der nach Durchquerung von Albert- und Johannapark hinter der Pferderennbahn erreicht ist.
Von hier aus führt der Elsterradweg nach **Knauthain**, das gegliedert in das Gebiet um die Kirche, die Dorfbebauung und das Schlossareal typische Strukturen eines Kirchdorfes mit Grundherrschaft zeigt. In die Nordseite der Hoffnungskirche ist das romanische Portal des Vorgängerbaus eingefügt. Seinen Namen erhielt das Dorf von den Knuths, die für das 13. und 14. Jahrhundert als Ministeriale der Markgrafen von Meißen nachweisbar sind. Im 15. Jahrhundert lebte hier Nickel der Eiserne aus dem Geschlecht der Pflugks, ein Waffenbruder des Prinzenräubers Kunz von Kauffungen. Auf seiner Grabplatte in der Thomaskirche ist er ganz in einem Harnisch dargestellt. Sein Nachkomme Julius wurde als letzter Bischof von Naumburg in der Zeitzer Stiftskirche beigesetzt. Auf dem Weg nach Knautnaundorf taucht links die Silhouette von **Belantis** auf, dem Freizeitpark mit ägyptischer Pyramide und allen Hauptsehenswürdigkeiten Europas. Eine Ritterburg mit Ach-

Grabplatte des Nickel Pflugk (gest. 1482) in der Thomaskirche

„Schloss Belantis“

Rundkirche St. Andreas

terbahn interpretiert den „Aufbruch ins Mittelalter“ auf eigene Weise. Es fehlt nur noch die Kathedrale – mit einer großen Schaukel in Form eines Weihrauchfasses im Mittelschiff. Auch **Knautnaundorf** ist nach den Knuths benannt. Schon um 1100 besaß Wiprecht von Groitzsch, ein Gefolgsmann von Kaiser Heinrich IV., hier einen Herrensitz und eine Eigenkirche, deren Bausubstanz im Westteil von St. Andreas enthalten ist. In der ungewöhnlichen Form der Rundkapelle spiegelt sich Wiprechts Verwandtschaft zur böhmischen Herrscherfamilie der Přemysliden wieder, mit der ähnliche Rundbauten verbunden sind. In neuerer Zeit erfolgte eine historisch bereinigende Rekonstruktion des Rotundeninneren mit einem Wiederaufbau von Chorbogen und Apsis. In seiner Intimität vermittelt der Innenraum etwas vom geistigen Leben im Hochmittelalter.

Andreaskirche Knautnaundorf

Werbener See

Die Fahrt über das platte Land geht durch **Kleinschkorlopp** und **Kitzen,** wo 1813 ein Gefecht zwischen Lützows Jägern und napoleonischen Truppen stattfand, nach **Hohenlohe.** Die Klosterkirche der Zisterzienserinnen liegt rechts der Straße; es geht ein Stück bergan, aber bald ist der Kirchhof erreicht. Im späten 12. Jahrhundert kamen die Ordensfrauen aus Merseburg hierher und errichteten die dem hl. Nikolaus geweih-

Klosterkirche Hohenlohe und Grabmal an der Kirche

te Kirche. Mit Querwestturm, ausladendem Querhaus und ausgeschiedener Vierung ist der romanische Sandsteinbau noch vorhanden; der flache Ostabschluss zeigt mit drei schmalen Fenstern in einem Bogen typisch zisterziensische Architektur. Bemerkenswert sind die Rundbogenportale in den Querhausfassaden, von denen das nördliche in einem Vorbau geschützt ist. 1240 wurde der Standort wegen Wassermangels aufgegeben, die Ordensfrauen zogen nach Leipzig. Als sie noch in Hohenlohe weilten, entstand die Kirche in **Werben**, einem einst besuchten Wallfahrtsort. Vom Bau des frühen 13. Jahrhunderts zeugt noch der Querwestturm, auf dem ein Keildach mit Dachreiter aufsitzt. 1851 wurden Kirchenschiff und Chor neoromanisch verändert.

Die holprige Dorfstraße von Werben wendet sich nach Nordosten. Hinter **Seegel** wird in östlicher Richtung eine Reihe von Kirchdörfern sichtbar, eine Besonderheit des Elsterlandes: Im Unterschied zu den Weilern auf der Hochfläche besaßen die flussnahen Dörfer eigene Pfarreien. Großdalzig, Wiederau und Großstorkwitz haben typische, im Kern romanische Chor-

Dorfstraße in Werben

Park mit Herrenhaus und Theodor-Körner-Denkmal in Kitzen

„Alberts Gasthof", Thesau
Tel.: (034296)-7 65 81

Fenster der Kirche Werben

Landschaft bei Seegel

Heimatmuseum Pegau
im Rathaus, Markt 1
Tel.: (034296)-9 80 33

Geborgenes Bauteil
des Pegauer Klosters

turmkirchen. Als das Seelsorgenetz um 1500 verdichtet wurde, kam die Kirche **Tellschütz** hinzu. Die Kirche von **Großstorkwitz** steht dort, wo Herzog Rudolf von Rheinfelden, an sich siegreicher Gegenkönig der Sachsen, 1080 in einer Schlacht die rechte Hand verlor – ein einziger Schwertstreich rettete dem Salier Heinrich IV. die Krone und das Reich. In der Ringburg **Weideroda** förderten Ausgrabungen das älteste christliche Artefakt der Region zutage, eine Navicella-Brosche des 11. Jahrhunderts mit Petrus und Paulus in einem Boot, wohl ein Pilgerzeichen aus Rom (befindet sich heute im Landesmuseum für Vorgeschichte Dresden).

Gleich hinter dem Ort bietet sich der schönste Blick auf das von St. Laurentius und Rathaus dominierte Stadtbild von **Pegau**. Die Keimzelle Pegaus, das Kloster St. Jakob, hatte Wiprecht 1091 zum Heil seiner Seele und als Grablege seines Geschlechts gestiftet. Mit einer kostbaren Apostelreliquie wurde die Fürsprache des Heiligen gesichert. Der zweite Abt Windolf kam aus der Hirsauer Abtei Corvey, welche die Klosterreform nach dem Vorbild Clunys ins Herzogtum Sachsen

Segnende Gotteshand, einst in der Klosterkirche

trug. Gemäß dem Reformgedanken waren die Mönche, die er mitbrachte, Experten für Rodung und Landbau. Windolf leitete das Kloster von 1100 bis 1150. Unter ihm gingen bedeutende Leistungen von St. Jakob aus: die Beteiligung an Wiprechts Siedlungstätigkeit, die Vergrößerung des Dorfes Pegau zum Stadtgefüge mit Markt, die Verbreitung der Hirsauer Reform in Mitteldeutschland sowie die Pflege der Wissenschaften mit Ordensschule und Bibliothek.

Im Zuge der Stadtrechtsverleihung von 1172 entstand die Stadtkirche St. Laurentius, deren romanischer Westriegel noch erhalten ist. Das Kirchenschiff wurde nach einem Brand ab 1382 neu errichtet und besitzt eine qualitätvolle Ausstattung aus Spätgotik und Barock. Im Westbau befindet sich die Figurenplatte von Wiprechts Grabtumba, ein Hauptwerk

Renaissancerathaus

Spätgotische Laurentiuskirche mit Wiprechts Grabtumba

Zweirad H. Frenzel, Pegau
Stöntzscher Straße 29 A
Tel.: (034296)-7 68 04

Rathmannsklause Pegau
Zeitzer Straße 26
Tel.: (034296)-7 64 60

Ratskeller Pegau
Markt 1
Tel.: (034296)-7 64 26

Wiprechts Grabtumba in der Laurentiuskirche, um 1870

staufischer Skulptur um 1235. Ein Häuserblock weiter steht das 1559 nach Plänen von Hieronymus Lotter errichtete Rathaus. An ihm ist das Leipziger Vorbild unschwer abzulesen. Sein Museum verwahrt Architekturfragmente des Klosters, der Turm kann bestiegen werden. Zwischen Rathaus und Elster erstreckt sich die Pegauer Neustadt. Bis zur Reformation stand hier eine 1189 von Abt Siegfried gegründete Kirche mit Reliquien des heiligen Otto von Bamberg, die großen Zulauf aus dem Volk hatte.

Klosterkirche Pegau auf dem Stadtsiegel von 1364

Rekonstruktion und Zustand der Wiprechtsburg Groitzsch

Kurz vor dem Ortsausgang erreicht die Route den Elsterradweg. Ihm kann man folgen, es sei denn, Sie entscheiden sich für einen Abstecher nach **Groitzsch**, das nach Querung der B 2 auf einer stillgelegten Straße erreicht wird. Dort taucht rechts der Hügel von Wiprechts Stammsitz auf. Im Inneren der Burg befindet sich eine Grabungsstätte mit einer Rundkapelle ähnlich jener in Knautnaundorf sowie den Resten eines Wohnturmes. Die Mauertechnik wie Keramikfunde lassen auf eine Entstehung der Bauten noch vor 1100 schließen. Auf der anderen Straßenseite liegt die Frauenkirche im Vorburggelände. Sie war die Kirche des Burgwardes Groitzsch, der sich bis Lausick erstreckte. Ihr flacher Chor verrät mit drei schlanken Fenstern zisterziensischen Einfluss. In der zweiten Hälfte des 12. Jahrhunderts bauten die Wettiner den Burgflecken gegen Pegau zum Marktort aus. Aus dieser Zeit ist der imposante Westriegel der Stadtkirche St. Ägidien, der als einziger Bauteil des Gotteshauses den Stadtbrand von 1642 überstanden hat. Unterhalb der Wiprechtsburg führt ein Rad- und Wanderweg entlang der Schwennigke wieder zum Elsterradweg. Dessen Ausschilderung ist unvollständig, aber als Faustregel kann gelten: im Zweifel nach rechts zur Elster halten, doch den Fluss nie überqueren. Die Aue ist eine tausendjährige Kultur-

Wiprecht von Groitzsch

Wiprechtsburg Groitzsch

landschaft mit Anbauflächen, Auewaldbeständen und Nebenarmen der Elster. Die meisten Orte stehen auf der Terrassenstufe an der Straße, aber am Fluss liegt das malerische Fischerdorf **Ostrau.** Vor dem Ort verweist ein kleines Schild auf die **Wasserburg Etzoldshain.** Der von Ministerialen des Hochstifts Zeitz-Naumburg erbaute Bergfried erhebt sich markant auf einem Hügel aus der Aue. Ostrau ist eine sorbische Gründung. Im 12. Jahrhundert errichteten die Mönche aus Posa eine Propstei, deren Kirche eine nachreformatorische Ausstattung enthält. Von 1804 bis 1820 wirkte hier Johann Friedrich Röhr als Pfarrer, jener Geistliche, der 1832 Goethe beerdigt hat. Ein Kirchbauverein bringt seit einigen Jahren mit Einfallsreichtum Fördergelder und Eigenmittel für die Restaurierung des Gotteshauses zusammen.

Über die Auendörfer **Werbenhain** und **Maßnitz** mit ihren Fachwerkgehöften führt der Elsterradweg zur Straße. Hinter der zweiten Bahnunterführung taucht der **Posaer Klosterberg** auf. Besonders zur Zeit der Apfelblüte ist die Landschaft reizvoll. Der Name Posa wird gerne auf den Regensburger Missionar Boso zurückgeführt, der in der Gegend wirkte und 968 Gründungsbischof von Merseburg war. Wahrscheinlich leitet sich Posa aber vom Sorbengau Puonzowa ab, dessen

Wasserburg Etzoldshain

Klosterruine Posa

Abthaus und Taubenhaus auf dem Klosterberg Posa

Obstplantage am Posaer Klosterberg

Fahrradservice Exler
Zeitz
Altenburger Straße 40
Tel.: (03441)-21 03 21

Andrang bei der Erkundung des „Unterirdischen Zeitz“

Hauptburg hier stand. Das 1114 vom Naumburger Bischof Dietrich gegründete Benediktinerkloster gehörte ebenfalls der Hirsauer Reform an. 1123 starb der Bischof in der Kirche, als ein gemaßregelter Mönch ihn beim Gebet niederstach. Vom Kloster stehen noch das große Abthaus sowie ein Teil der Klostermauer. Mit seiner Doppelturmfassade, dem Querhaus und einem Staffelchor aus fünf Apsiden muss das Gotteshaus auf dem Berg eine beherrschende Wirkung ausgeübt haben. Als der Konvent 1551 aufgelöst wurde, verblieben Kirche und Klausur noch Jahre in ruinösem Zustand. Auch Posa war eine Stätte von Wissenschaft und Bildung. Und wie an der Landesschule in Schulpforte galt schon in Posa: Je besser der Vinum, desto besser das Latinum. Eine Bürgerinitiative knüpfte an den Weinbau der Mönche an und setzte neue Rebstöcke. Alljährlich zum „Tag des offenen Denkmals“ (2. Sonntag im September) lädt sie zur Verkostung. Ihr „spiritus rector“ Norbert Hörig gestaltete den Klostergarten und fügte aus altem Steinmaterial Erinnerungsmale zur Geschichte des Berges zusammen: die Wendensteine für die Slawen, das Bischofskreuz zum Gedenken an die Ermordung Dietrichs, das Kirchenrondell und das Winzerinnendenkmal. Wer gute Bremsen hat, kann den steilen Weg neben der Gutseinfahrt nach **Zeitz** nehmen, bequemer lässt sich die Straße zurückfahren. Die Route rollt die Stadtgeschichte nun von hinten auf. Zuerst geht es am Plattenbaugebiet vorüber, danach durch die gründerzeitliche Erweiterung, dann zur staufischen Ober- und in die salische Unterstadt und schließlich auf das Gelände der ottonischen Königsburg. Die Oberstadt ist auf einen Felsen gebaut und erinnert mit ihren Türmen an das Bibelwort von der „Stadt auf dem Berg“. Sie entstand um 1150 mit planmäßigem Straßenraster und einem Markt, der durch den Einbau von Judenviertel und Gewandhaus in zwei kleinere Plätze, den Altmarkt und den Roßmarkt, unterteilt wurde. Nach 1200 kam im Norden die Neustadt hinzu. Dort kann in der „Bosokapelle“ des spätgotischen „Gasthauses am Neumarkt“ der Posaer Wein ebenfalls probiert werden. 200 Häuser der Oberstadt haben unterirdische, in den Felsen gehauene Hohlräume. Sie wur-

Tief unter Zeitz

„Unterirdisches Zeitz“
Zeitz, Altmarkt 21
Tel.: (03441)-21 27 22

Messerschmiedestraße

Michaeliskirche

Gasthaus am Neumarkt
Zeitz, Neumarkt 15
Tel.: (03441)-61 66 0

Rathaus
mit gotischem Ziergiebel

den zur Lagerung von Bier und Lebensmitteln geschaffen. Seit 1990 bemüht sich die IG „Unterirdisches Zeitz“ darum, die Aushöhlungen in einem Gangsystem zu verbinden. Mit der Oberstadt wurde auch die Michaeliskirche am Roßmarkt errichtet. Aus der ersten Bauphase ist der Westriegel erhalten. Das Langhaus stammt aus dem 13. Jahrhundert und wurde nach den hussitischen Zerstörungen von 1430 zu einer Halle umgebaut. Der Altmarkt wird von einem großen Rathaus mit gotischem Ziergiebel beherrscht. Im Rathausgarten finden sich Reste der Stadtmauer. Westlich schließt sich das 1238 gegründete Franziskanerkloster an. Im Unterschied zu den Benediktinern ließen sich die Bettelordensmönche in der Stadt nieder, lebten von Almosen und ergänzten die Pfarrseelsorge. Die den Ordensheiligen Franziskus, Antonius von Padua und Clara geweihte Kirche hat eine in der Bettelordensarchitektur seltene Einschiffigkeit. Der Raum besticht durch den Rhythmus der nach innen verlegten Strebepfeiler. Im Kreuz-

gang und in den Klostergebäuden konnten Wandmalereien freigelegt werden. In der Senke zwischen Nicolaiplatz und Moritzburg befand sich die Stadt des 11. Jahrhunderts. Als Wiprecht 1085 gegen Zeitz eine Fehde führte, brannte er hier eine Kirche nieder, in der seine Gegner Zuflucht gesucht hatten. Die Feinde ergaben sich, und da sie aus einer Kirche kamen, ließ Wiprecht sie „nur“ blenden. Im 12. Jahrhundert bauten Kaufleute eine neue Kirche zu Ehren des hl. Nikolaus, der einst Kauffahrern in Seenot geholfen hatte. Später war hier ein Sohn Martin Luthers Prediger. Die Nachfahren des Reformators treffen sich noch heute in der Stadt. 1821 wurde die an der Südseite des Nicolaiplatzes gelegene Kirche wegen Baufälligkeit abgerissen.

Westlich der Altstadt liegt Schloss Moritzburg mit der Stiftskirche St. Peter und Paul. Seine Königsburg bestimmte Otto der Große 967 zum Bauplatz für einen Dom, der sich südlich versetzt zur heutigen Kirche im Kreuzgangsbereich nachweisen lässt. Nach Slaweneinfällen wurde der Bischofssitz 1028 ins sichere Naumburg verlegt. In Zeitz verblieb ein Kanonikerstift, das im 11. Jahrhundert einen Neubau erhielt. Die Hallenkrypta stammt noch von diesem Bau. Im 14. Jahrhundert entstand ein gotischer Chor und bis 1491 das hallenförmige

Reste der Stadtmauer und altes Franziskanerkloster

Brikettfabrik Herrmannschacht, Zeitz
Naumburger Straße 99
Tel.: (03441)-8 33 25

Tor zum Schloss Moritzburg

Hotel und Restaurant
„Zu den drei Schwänen"
Zeitz, Altmarkt 6
Tel.: (03441)-21 26 86

Freigelegte Fresken
in der Stiftskirche

Loge in der Stiftskirche

Langhaus mit weiten, hohen Arkaden. Spätgotische Wandmalereien finden sich im südlichen Seitenschiff und in der Sakristei. Auf der Empore erinnert eine kleine Figur mit Peitsche und Deichsel an die Sage vom Bauern Käselieb. Jener hatte als Sühne für das heidnische Treiben seiner Tochter beim Dombau Steine gefahren und war darüber verarmt. Der Kaiser entlohnte ihn reichlich, derweil der Tochter ein Götzenbild auf den Kopf fiel. Die prunkvolle Barockausstattung stammt aus den Jahren nach 1657, als Zeitz herzogliche Residenz war. Denn unter Herzog Moritz erfolgte der Umbau zur Hofkirche: Die Westtürme wurden niedergelegt, die Krypta nutzte man als Gruft. Bis 1678 entstand das Schloß mit zwei

Daniel´s Radcenter
Zeitz, Parzellenstraße 10
Tel.: (0172)-3 48 46 18

Fahrradhandlung
Siegmar Seidelt
Zeitz, Brühl 19
Tel.: (03441)-21 32 72

Im Schlosshof
der Moritzburg

Innenhöfen, Torhaus und Uhrturm. Das Treppenhaus, der Festsaal und das Herzogszimmer lassen sich bei einem Besuch im Museum betrachten. Dort sind auch Grabungsfunde vom ottonischen Dom und aus Posa zu sehen. Doch zurück zur Kirche: Baufehler am Dach führten 1982 zum Einsturz des südwestlichen Vierungspfeilers. In den neunziger Jahren erfolgte eine qualitätvolle Sanierung durch das Bistum Magdeburg; seit Weihnachten 1998 kann der Bau von der katholischen Gemeinde wieder als Pfarrkirche genutzt werden. 2001 kamen die mittelalterlichen Glocken zurück, die nun im Torhaus aufgehängt sind. Ein Jahr später wurde die Wiederherstellung der beim Einsturz beschädigten Orgel abgeschlossen. 1 000 Jahre Kirchengeschichte sind wieder erlebbar, die Pfarrgemeinde hat sich auf Besucher eingestellt:
Zu den Öffnungszeiten ist immer ein Gemeindemitglied für Fragen und Führungen anwesend.

Romanischer Taufstein aus Posa im Museum Moritzburg

Schloss Moritzburg mit Museum, Schloßplatz 6,
Tel.: (03441)-21 40 40
(03441)-21 25 46

Stiftskirche und Uhrturm der Moritzburg Zeitz

# Auf Kriegspfad gen Westen – Der Dehlitzer Heerweg

# Auf Kriegspfad gen Westen – Der Dehlitzer Heerweg

## TOUR 8

### HINWEISE FÜR RADLER

**TOUR-EMPFEHLUNG** Von Leipzig auf dem Elsterradweg bis Zitschen, von dort auf ruhigen Landstraßen bis zur Saale.

**LÄNGE DER TOUR** 49,5 km

**SCHWIERIGKEITSGRAD** Die Tour führt durch kleine, in ihrer ursprünglichen Form erhaltene Ortschaften. Sie ist größtenteils eben und verkehrsarm. Bei ausreichender Zeitplanung ist die Strecke auch von Familien und Senioren gut zu bewältigen.

### TOUR-ÜBERBLICK

0,0 Bahnhof
2,1 Brunnen Clara-Zetkin-Park
4,0 Querung Schleußiger Weg, weiter bis Querung Brückenstraße, dann Lauerscher Weg Richtung
11,3 Knauthain, über Ritter-Pflugk-Straße zur Seumestraße
13,3 Hartmannsdorf, Erikenstraße immer gerade aus, an der Wendeschleife auf Wirtschaftsweg entlang der Weißen Elster bis Abzweig nach
19,1 Zitzschen, hinter dem Teich Ort in Richtung Löben verlassen
21,8 Löben, den Ort in Richtung Thesau verlassen, nach ca. 1 km Abzweig rechts auf Radweg Richtung Hohenlohe
23,7 Hohenlohe/Kitzen
25,7 Eisdorf, durch den Ort geradeaus
26,9 Kleingörschen
►ABSTECHER (1 km): *zum Dorfmuseum Großgörschen*
29,7 Kleingörschen, am Dorfrand hinunter zum Floßgraben, dort links auf Völkerschlachtradweg
30,7 Kaja, links halten, am Dorfrand entlang, am OA geradeaus auf steinigem Feldweg
33,5 Abzweig links auf die Straße Lützen–Starsiedel
36,3 Gostau durchfahren
36,8 Abzweig links nach Sössen
37,2 Sössen durchfahren, am OA links auf Naturlehrpfad nach Poserna
38,9 Poserna, über den Rippach nach links in die zur Seumestraße, zurück zum OA, dort links Rippach abwärts in Richtung

Burghausen
Gohlis
LEIP
Leutzsch
B 181
Rückmarsdorf
Lindenau
endorf
Schönau
B 87
Grünau
Schleußig
Plagwitz
B 2
Pleiße
Groß-
zschocher
Connewitz
Lößnig
Lausen
Dölitz
Göhrenz
Albersdorf
Weiße Elster
Knautkleeberg
Knauthain
Rehbach
Cospu-
dener
See
MARKKLEEBERG
Leipzig
Südwest
Zöbigker
Gaschwitz
Großdeuben
zukünftiger
Zwenkauer See
Weiße Elster
Zwenkau
B 2
Mausitz
eidens
B 186
B 95
roßdalzig

41,1 Kleingöhren
41,5 Großgöhren, hangaufwärts zur Kirche, dahinter gleich links
42,1 stillgelegte Eisenbahnlinie Plagwitz–Pörsten, B 87 und A 9 überqueren
44,7 Eisenbahnviadukt
46,6 Dehlitz OE, links halten bis zur Gaststätte „Zum alten Rittergut“, dort rechts
►ABSTECHER (1 km): *zur Saalefurt zum Burgward Treben*
49,5 Großkorbetha (Bahnhof)

Am Dorfkrug in Großgörschen

DORFKRUG

B 87
Nempitz
Bad Dürrenberg
Quesitz
Döhlen
Kulkwitz
Göhrenz
Albers
Thronitz
Seebenisch
Zöllschen
Lützen
Ellerbach
Schkölen
Räpitz
Knautnaundorf
Schkeitbar
Michlitz
Meuchen
Meyen
Röcken
Großschkorlopp
Kleinschkorlopp
Kaja
Eisdorf
Weiße Elster
Starsiedel
Zitzschen
Hohenlohe
Kitzen
Löben
Großgörschen
Maucitz
Thesau
Schneidens
Sittel
Peißen
Großdalzig

# Auf Kriegspfad gen Westen – Der Dehlitzer Heerweg

HELMUT HARTMANN

Detail an der Kirche Kleingörschen

Die Große Straße Europas, auch Königsstraße (Via Regia) genannt, die seit Jahrtausenden Europa von Spanien bis Russland verbindet, im Altertum Anschluss an die Seidenstraße hatte und heute in Form von Autobahnen weiterexistiert, verläuft in Mitteleuropa zwischen den Ausläufern der Mittelgebirge und den Aufschüttungen der Eiszeit. Bis vor 1 000 Jahren wich sie mit einem nördlichen und südlichen Abzweig dem unwegsamen Sumpf aus, den die Flussniederungen von Elster, Pleiße, Parthe und die beiden Rietzschken bildeten und auf dem später Leipzig entstand.

Straßenbahn 3 bis Endstelle Knautkleeberg, Regionalexpress Leipzig–Großkorbetha oder Leipzig–Weißenfels

Kühnis Fahrradverleih am Bahnhof Knauthain (nur am Wochenende) Tel.: (0179)-5 21 16 28

Kühnis Fahrradeck Leipzig, Am Mühlgraben 2 Tel.: (0341)-4 29 17 47

Während die nördliche Trasse als Salzstraße aus dem Halleschen Raum auf den Endmoränen an Schkeuditz, Thekla, Taucha vorbei zur Mulde zwischen Püchau und Wurzen zog, um die Elbe bei Strehla zu queren, kreuzte der südliche Zweig bei Kriechau/Dehlitz am Burgward Treben die Saale, gelangte über Eisdorf bei Eythra zur Elster, deren sumpfige Aue seit der fränkisch – frühdeutschen Erstkolonisation (nach 800 n. Chr.) auf einem jedes Jahr nach dem Hochwasser neu zu errichtenden hölzernen Damm, der „Brücke“, überwunden werden musste. Nordöstlich Zwenkaus zog die Hohe Straße durch die alte Harth bis zur Pleißenfurt bei Gaschwitz, weiter über Magdeborn und durch das Oberholz zum „alten Schloß“, der befestigten Wegwarte an der Kreuzung mit der südlichen Via

Abb. S. 140/141: Landschaft zwischen Großgörschen und Starsiedel

Imperii (Richtung Borna mit seinem Königshof) und über das Partheeinzugsgebiet (Großbardau) Richtung Muldenfurt bei Höfgen. Dieser südliche Heerweg, auf dem 805 ein Ostfrankenheer unter Führung des Sohnes Kaiser Karls des Großen von Merseburg über Zwenkau gegen die Daleminzer zog, verlor seine Bedeutung vor etwa 1 000 Jahren, als infolge einer Klimaerwärmung die Weiße Elster bei Leipzig leichter überschritten werden konnte und dieser Übergang zuerst vom Reich, später von den Wettinern bevorzugt wurde, zumal er sich hier mit der von Nürnberg kommenden, an die See führenden Reichsstraße (Via Imperii) kreuzte. Auch diese Verbindung hatte einen Vorläufer, den Hallrain. Er verlief zur Frankenzeit über Erfurt, dem von Kaiser Karl privilegierten alleinigen Handelsplatz mit den Sorben, entlang der Burgwarde Pegau, Hohenlohe/Kitzen, Schkölen, Horburg (Querung der Luppe-Elster-Aue) hochwasserfrei auf der Wasserscheide zwischen Saale und Elster als Grenz- und Salzstraße nach Halle. Dehlitzer Heerweg und Hallrain kreuzen sich, heute nur auf Luftbildern sichtbar, beim Kitzener Fußballplatz, während sich an der Kreuzung von Via Regia und Via Imperii Leipzig als Internationaler Handelsplatz entwickelte.

Nachzeichnung des „Melksteins“ von Großstorkwitz. Rudolf von Rheinfelden ließ ihn vermutlich 1080 nach der Schlacht für seine Krieger setzen.

Alter Heerweg bei Dehlitz

Am Aussichtspunkt des ehemaligen Tagebaus Zwenkau

Mit dem Rad können Reste der alten Heer- und Handelswege erfahren werden. Dazu kann die Eisenbahn bis Großdalzig benutzt werden, um die am Ufer der Betonelster langwierige Anfahrt von Knauthain her zu vermeiden. Ab **Großdalzig** wird über **Mausitz** (früheres Rittergut) **Zitzschen** angesteuert und ein Abstecher zum Aussichtspunkt am **Tagebau Zwenkau** unternommen. Dazu müssen Elster und die frequentierte B 186 an der Ampel gekreuzt werden. Ein Teil des Zuweges zum Aussichtspunkt – kopfsteingepflastert und von Apfelbäumen gesäumt – ist der erste Rest des ehrwürdigen Heerweges, der früher nach dem im Tagebau verschwundenen wohlhabenden Dorf Eythra führte. Der Blick schweift über den ausgekohlten Tagebau Zwenkau, der ab 2009 als Riesenrückhalteschutzbecken Leipzig doch nur vor einem Viertel eines fünfhundertjährigen Hochwassers der Weißen Elster schützen könnte. Im südwestlich gelegenen Zwenkauer Eichholz findet sich die Fortsetzung des alten Heerweges. Die Bedeutung dieser alten Europastraße bereits in vorgeschichtlicher Zeit unterstreichen eindrücklich die zwischen Eichholz und Eythra ausgegrabenen Siedlungen der ersten Bauern Sachsens mit einem der ältesten bekannten Brunnen Deutschlands aus Eichenholz, das im Jahr 5216 v. Chr. zugerichtet wurde und damit älter als Babylon ist.

Kirche in Zitzschen

Zurück in Zitzschen wird die klassizistische Dorfkirche (1794 errichtet, schönes Deckengemälde) umfahren und hinter dem Teich der Ort verlassen. Mit **Löben** wird das erste der „Buddeldörfer“ erreicht. Bekannt ist es durch Rudolf Sack geworden, einem der Leipziger Industriepioniere auf dem Gebiet des Landmaschinenbaus. Als Besitzer des Gehöfts südlich der Dorflinde modifizierte er in der Schmiede eines Nachbardorfes den Eisenpflug, testete ihn auf den Feldern ringsum und gewann durch ihn und andere Neuerungen Weltgeltung im Landmaschinenbau.

Den Ausdruck „Buddel“ kennt kaum jemand. Gemeint sind damit 10–20 Dörfer im Südwesten Leipzigs, die zur Zeit der zweiten deutschen Ostsiedlung zwischen 1150 und 1250 entstanden oder ausgebaut wurden und die etwa hundert Jahre im Zuge der den Zuwanderern gewährten Vergünstigungen relativ unabhängig leben konnten. So soll ein von ihnen selbst bestimmter, gleichzeitig weltlicher und geistlicher Führer (lat.: butellus) als Vorstand dieses Sonderbezirks mit Zentrum in Hohenlohe nur dem Merseburger Bischof verpflichtet gewesen sein. Die Kolonistendörfer, meist Rundlinge mit selten mehr als einem Dutzend Anwesen, haben ihre Grundrisse weitgehend erhalten.

Fachwerkgiebel in Löben

Bei Hohenlohe

An der Kirche Hohenlohe

Nach nicht ganz zwei km wird **Hohenlohe** (südlicher Teil von Kitzen) mit seiner verzierten Wehrkirche, die Wiprecht von Groitzsch wohl an der Stelle und mit den Steinen eines karolingischen Schlosses „der Grafen von der Saale“ errichten ließ, erreicht. Es war einer der Burgwarde des „Limes Sorabicus“, der mit dem Hallrain als Grenzstraße ein hochwasserfreier Einwanderungsweg für die von Süden heranziehenden Neusiedler war. Bauformen, -materialien und -zeit des sechsstöckigen Wehrturms der Kirche St. Nicolai Hohenlohe sind identisch mit denen der Wehrkirchen von Groß- und Kleingörschen sowie Eisdorf. Der Turm wurde mittels aufziehbaren Wehrbaums über den dritten Stock an der Nordseite bestiegen. Die Kirche diente als Bergfried im okkupierten Heidenland. 1235 verlegte der Merseburger Bischof aus machtpolitischen Erwägungen heraus das Benediktinerinnenkloster vom Merseburger Neumarkt nach Hohenlohe und beendete damit die Herrschaft des „butellus“ der Kolonistenzeit.

„Alberts Gasthof“
in Thesau
Tel.: (034296)-7 65 81

Ein kleiner Abstecher zum Fußballplatz in **Kitzen** erinnert an die Kreuzung zweier Heerwege vor einem Jahrtausend. Rechts vom mit Süßkirschen gesäumten Weg zieht sich ein Wäldchen hin, in dem Theodor Körner schwer verwundet den Franzosen

Herrenhaus Kitzen mit Gutspark und Körnerdenkmal

entging, woran der Sockel des Körnerdenkmals erinnert. „Die Wunde brennt, die bleichen Lippen beben ...“ dichtete Körner in Erwartung des Todes, der ihn aber erst ein viertel Jahr später bei Gadebusch ereilte. Zu DDR-Zeiten hielten Rotarmisten das Wäldchen besetzt und benutzten Körners Denkmal als Zielscheibe, weshalb es in den Kitzener Gutspark versetzt wurde.

Die nun gewählte Landstraße von Kitzen nach Eisdorf verläuft nur wenige hundert Meter südlich parallel zum hier nicht mehr sichtbaren Heerweg. **Eisdorf** grüßt mit doppeltürmiger romanischer Saalkirche als Zeichen der späteren Herrschaft des Merseburger Bischofs über das bereits um die Jahrtausendwende vom Kaiser als Sperrfeste für die südliche Via Regia (Dehlitzer Heerweg) planmäßig angelegte „stedtlein“. Viele Jahrhunderte wurde hier das vom Reich begründete „Brückgericht“ jährlich zu Johanni abgehalten. Dem „Ritter“ genannten Abgeordneten der zum Straßenbau verpflichteten zuletzt 44 (!) Dörfer und Rittergüter wurde unter strikter Wahrung seltsamer Bräuche ein Mahl von 9 Gängen gereicht, was offenbar entscheidend zur Beibehaltung dieser Tradition über die Jahrhunderte beigetragen hat. Dabei war diese kaiserliche Heerstraße des 10. Jahrhunderts, um deren Ausbesserung als hölzerne „Brücke“ (Stockweg) durch die Elsteraue zwischen Eythra und Zwenkau nach den Hochwässern des Frühjahrs es vor Gericht ging, seit der Verlegung des großen Übergangsverkehrs nach Lindenau–Leipzig ab etwa 1100 bedeutungslos geworden.

Vor der Anlage von Eisdorf hatten in spätfränkisch-frühdeutscher Zeit der Hallrain und damit der Burgward und Gerichtssitz Schkölen wegen der Ostverschiebung der Reichsgrenze an Bedeutung verloren. Das Schkölener Landgericht für 32 Dörfer ging ebenfalls an Eisdorf, das damit gleichberechtigt mit den anderen Gerichtsstühlen des Stifts Merseburg (Leipzig, Ranstädt, Rötha, Horburg) war.

Erhaltener Teil des Hallrains am Sportplatz Kilzen

Doppelspitzen der Eisdorfer Kirche

An der Eisdorfer Mühle

Von diesem Glanz ist im letzten Dorf vor der Landesgrenze nach Sachsen-Anhalt nichts mehr geblieben. Eisdorf ist das Beispiel für eine in der Entwicklung stecken gebliebene mittelalterliche Stadtgründung als Folge der Verlegung der Via Regia nach Leipzig bzw. zum dortigen Elster-/Pleißeübergang. Anschauen kann man die einzige Mühle am Floßgraben mit ihren konkaven Holzschaufeln am eisernen unterschlächtigen Mühlrad (leider sehr defekt). Dazu muss nach dem Ortseingang links auf dem prächtigen Völkerschlachtradweg bis zum Mühlenvorplatz gefahren werden. Unterhalb der Mühle kann der Floßgraben auf einem Steg gequert werden. Ein stiller, idyllischer Ort. Durch den Ort geht es über eine weitere Floßgrabenbrücke, außerhalb über die Wasserscheide zwischen Elster und Saale (gleichzeitig Landesgrenze) nach **Kleingörschen** und damit in das Gebiet der Schlacht von Großgörschen am 2. Mai 1813.

Zum blutigen Auftakt der Befreiungskriege gegen die napoleonische Fremdherrschaft kämpften im Dörferviereck Klein- und Großgörschen, Rahna und Kaja die verbündeten Russen und Preußen gegen die Franzosen, deren Marschall Ney alle Dörfer besetzt hielt, die aber bis zu siebenmal ihren Besitzer wechselten. Als Napoleon gegen 14 Uhr eintraf, wendete sich

Kleingörschen

die Schlacht noch einmal zu seinen Gunsten. 22 500 Opfer blieben auf den Feldern liegen, ²/₃ davon Franzosen. Die Armeen zogen weiter und überließen den überlebenden Bauern die Sorge um die Verwundeten und das Begraben der Toten. Vom Monarchenhügel südlich von Großgörschen, wo Zar Alexander und der Preußenkönig Friedrich Wilhelm III. die Schlacht verfolgten, ist das 1817 nach Schinkels Entwurf errichtete Denkmal wegen des näher rückenden Tagebaues Profen 1985 nach Großgörschen versetzt worden. In seiner Nähe befindet sich auch das Scharnhorstdenkmal. Der preußische Militärreformer empfing in der Schlacht seine tödliche Wunde, an der er drei Wochen später in Prag verstarb.

Diorama der Schlacht bei Großgörschen im Museum Lützen und Scharnhorstdenkmal

„Dorfkrug" Großgörschen
Scharnhorststraße17
Tel.: (034444)-2 35 07

Deckenausmalung in der Kirche Kleingörschen von 1755 und Tafel für Marschall Ney in Kaja

Windmühle bei Starsiedel

Nach Besichtigung der Denkmale und vielleicht auch des sehenswerten Dorfmuseums zur Geschichte der Schlacht (sonntags ab 14 Uhr geöffnet) geht die Fahrt zurück nach Kleingörschen und am Dorfrand hinunter zum Floßgraben, dort nach links auf der Völkerschlachtroutenpiste bis **Kaja**.

Dorfmuseum
Großgörschen
Tel.: (034444)-2 12 48

Am „Haus Jordan“ am südwestlichen Dorfeingang erinnert eine Tafel an den dort einquartierten Marschall Ney. Diesem Haus gegenüber kann bei trockenem Wetter der Feldweg in westlicher Richtung bis zur Straße Starsiedel–Lützen befahren werden (zwei km); sonst Landstraße benutzen. Sie fahren links auf dieser Straße nach **Starsiedel** hinein, biegen dann rechts in die Straße nach Gostau (zwei km) ein. Zuvor hatten Sie den alten Dehlitzweg zwischen Sportplatz und Silo gequert. Er existiert hier noch als Feldweg, ist aber westlich durch das wassergefüllte Restloch der ehemaligen Braunkohlengrube „Gustav Adolf“ bei **Gostau** unterbrochen. Die wild bewachsene Grube diente früher als Sickerbecken zur Grundwasserauffüllung (deshalb die beiden Wassertürme) und wird heute durch die A 38 geteilt. Die Kreuzung des alten Dehlitzweges mit der gut befahrbaren Straße von Gostau nach Rökken mit dem Grab Friedrich Nietzsches markieren zwei alte Robinien vor dem Tagebaurestloch.

Rastplatz hinter Gostau

Das Tal links der Straße nach Gostau heißt „Fischkasten", vermutlich weil hier eine Fischhalterei betrieben wurde. Das Bächchen, des bei Stößwitz in den Grunabach mündenden „Fischkastens", überquerte von 1580 bis etwa 1585 die erste Trasse des von der Gegend nördlich Kajas heranziehenden großen Elsterfloßgrabens in einem hölzernen „Fluder" (einem aufgebockten Gerinne), um die Saline Poserna mit voigtländischem Brennholz zu versorgen. Nach dem Willen Kurfürst Augusts I. sollte dieser Salinenneubau von 1580 auf merseburgischem Territorium, das nach der Reformation an Kursachsen gefallen war, die Talsaline Halle niederkonkurrieren. Weil dies fehlschlug, wurde dieser Floßgrabenteil nach 1585 aufgeben. Hinter Gostau biegen Sie links über den Fischkasten nach **Sössen** ab und fahren auf der Thälmannstraße durch den malerisch wirkenden, auf einem Geländesporn sich hinziehenden Ort. Am Dorfende zweigt links ein Naturlehrpfad, grasbewachsen, aber befahrbar, nach Poserna in das landschaftsgeschützte Grunabachtal ab. Jenseits des Baches wird ein historischer Hohlweg, die von Stößwitz heraufkommende Kalteneißer Straße (alte Salz- und Handelsstraße), gekreuzt. Ein Schild informiert: „Am nördlichen Horizont ... Verlauf der alten Heerstraße" (Dehlitzweg!). Jenseits der Kalteneißer Straße führt der Pfad zu einem Rastplatz am Hangwald des Rippach am „Burg-

Reste der Ranismühle im Rippachtal oberhalb der Posernaer Saline

Hohlweg vor Poserna

Standort von Seumes Geburtshaus und Dorfstraße in Poserna

stättel", einer prähistorischen Fundstelle, vorbei und endet als Hohlweg am Ortseingang von **Poserna.** Nur die ehemalige Saline wird nicht erwähnt. Gegenüber quert ein blaues Geländer einen trockenen Graben. Das ist der ehemalige Kunstgraben der Saline. Seine Wasserkraft diente der Förderung der Salzsole durch ein Kunstrad mit angeschlossenen Pumpen, ersonnen vom Freiberger Oberbergmeister Martin Planer, einem genialen Ingenieur der sächsischen Renaissancezeit, der Wasserkünste, Floßgräben, den Brunnen auf dem Königstein und Schifffahrtskanäle anlegte sowie die Freiberger Silbergruben vor dem Absaufen bewahrte.

Pension und Gaststätte Abel
Poserna, Tauchaer Straße 2
Tel.: (03443)-27 99 21

Das Geburtshaus Johann Gottfried Seumes (1763–1810) in der Seumestraße ist nicht mehr das Originalgebäude. Eine Informationstafel und ein Portrait des kleinen Dichters mit dem großen Herzen (lief von Grimma nach Leipzig ins Theater und zurück, unterwegs mit Freunden disputierend, wanderte nach persönlicher Enttäuschung sogar bis Sizilien) müssen genügen. Die Fahrt wird im Tal zwischen Rippach und Kunstgraben (rechts) bis zur Mündung des Grunabaches fortgesetzt. Hier sollen weitere Solquellen (die „Kalteneißer", die Kleingöhrener) ausgetreten sein. Ein Kunstgestänge (wie in Bad Kösen noch vorhanden) übertrug die Wasserkraft des Kunstgrabens über hunderte Meter bachaufwärts bis zur Solquelle. Die Er-

Hausschlachtung in Poserna

richtung der Saline war eine gewaltige Fehlinvestition. Alles Material musste 1585 abgebaut und zur neuen Saline Artern transportiert werden. Der Grunabach wird überquert und die Hauptstraße in **Kleingöhren** nach Rippach genommen. In **Rippach** wartet das historische Gasthaus „Zum Schwan" auf die Erschöpften, die hier leicht hängen bleiben können. „Ihr seid wohl spät von Rippach aufgebrochen? Habt Ihr mit Herrn Hans noch erst zur Nacht gespeist?" fragt schon Frosch die in Auerbachs Keller auftauchenden Faust und Mephistopheles. Damit es Ihnen nicht so geht, fahren Sie in **Großgöhren** nach rechts hangaufwärts an der Kirche vorbei zu einer der neuen Dorfrandsiedlungen, die der Heerweg (lt. Straßenschild) begrenzt. Über die mit einem Damm verschüttet verlaufende stillgelegte Eisenbahnstrecke Plagwitz–Pörsten gelangen Sie auf selbigem zur Bundesstraße 87 und damit an die Kreuzung alte/neue Via Regia. Auf den kursächsischen Meilenblättern (von etwa 1800) steht an dieser Stelle „Verbottafel", was sicher hieß, dass hier keiner vom rechten Weg abweichen sollte. Sie tun dies aber, indem Sie erst die B 87 und nach 1,5 km auf herrlicher Asphaltpiste die A 9 überqueren. Das Rippachtal liegt 35 m tiefer und Weinberg heißt der Abhang zur Linken vor der Autobahn oberhalb Pörstens. Hinter der Autobahn ist

Gasthaus „Weißer Schwan" in Rippach
Leipziger Straße 17
Tel.: (03443)-20 96 03

Pension „Zum Bauernhof Rippachtal", Kleingöhren,
Großgörschener Straße 32
Tel.: (03443)-23 44 73

Brücke der Autobahn A 9 über das Rippachtal

bereits **Dehlitz** im Tal zu erkennen und abwärts geht's auf original holprigem Heerweg, den hohle alte Linden und das Zeichen des Rippachradweges säumen, unter dem Eisenbahnviadukt hindurch, zuletzt in der lieblichen Bachaue auf Kopfsteinpflaster fahrend, bis zur Straße Dehlitz–Bad Dürrenberg. Nach links gelangen Sie in den Ort mit seinem verfallenen Rittergut (große Vierflügelanlage des 16. Jahrhunderts mit Renaissancetreppenturm am siebenachsigen zweigeschossigen Herrenhaus). Gegen überlockt die Gaststätte „Altes Rittergut". Sie fahren nach rechts in den Fährweg bis zur Saale an die Mündung des Rippach. Hier setzten die mittelalterlichen Heere und Händler über. Als nächstes wird der oberhalb des Ortes gelegenen ehemaligen **Burgward Treben** aufgesucht. Er bewachte einst den wichtigen Saaleübergang. Ein Hohlweg führt hinauf, nachdem der Rippach überschritten wurde. Auf der Hochfläche führt der „Leichenweg" nach rechts zum Friedhof mit Wallresten davor. Der im 10. Jahrhundert angelegte Burgward Treben umfasste etwa 5–6 ha, war von einem doppelten Wall-Graben-Ringsystem mit Einbeziehung des Saalesteilufers mit seinen Erosionstälchen umgeben und ist bereits in der Steinzeit besiedelt gewesen. Kaiser Otto II. urkundete hier im Jahr 979. Der Ort Treben fiel dem mittelalterlichen Wüstungsprozess zum Opfer. Übrig blieben die eindrucksvolle romanische Staffelkirche (1150, im 9. Jahrhundert erster Kirchenbau erwähnt) und ein sorbischer Friedhof des 12. Jahrhunderts unmittelbar neben der Kirche, dessen Gräber mit mannshohen Braunkohlenquarziten bedeckt waren. Die Archäologen haben sie wieder aufgerichtet. Dieser Ort ist ein eindrucksvolles steinernes Symbol des friedlichen Zusammenlebens von Sorben und Deutschen zu dieser Zeit unter Respektierung der besonderen Begräbnissitten der Sorben. Die gesamte Anlage erinnert an vergleichbare Örtlichkeiten an der Mulde (Schaddelwälle gegenüber Höfgen, Grimmaer

Dehlitzer Heerweg im Rippachtal

Hotel Saaleaue Pension
Dehlitz, Fährgasse 6
Tel.: (03443)-23 62 16

Giebel einer Scheune in Dehlitz

„Kirche ohne Dorf“ – Kirche und Grabsteine aus slawischer Zeit des ehemaligen Burgwards Treben

Tempelberg mit Klingenfurt, gegenüber Burg und Kirche Döben mit prähistorischem Zettenwall) und der Elbe mit Rauer Furt bei Diesbar-Seußlitz und den prähistorischen Burgen Göhrisch, Burgberg von Löbsal und Goldkuppe. Gemeinsam ist diesen Orten eines: Sie flankierten Flussübergänge von Zweigen der großen Transeuropastraßen unserer Vorfahren und waren Grenzbastionen in landschaftlich stets reizvollen Gegenden.

Wer will, gelangt im Südwesten des alten Burgwards auf einem imposanten Hohlweg (Relikt des Heerweges) hinab bis zur oberen Kriechau-Trebener Furt und kann saaleaufwärts am Ufer bis Weißenfels fahren.

Rückfahrt auf markierten Radwegen zu den Bahnhöfen Weißenfels oder Großkorbetha

Kriechauer Saalefurt bei Dehlitz

# Über plattes Land mit herausragenden Köpfen nach Weißenfels

# Über plattes Land mit herausragenden Köpfen nach Weißenfels

## TOUR 9

### HINWEISE FÜR RADLER

**TOUR-EMPFEHLUNG** Vom Leipziger Stadtzentrum, durch den Auenwald, vorbei an den historischen Schauplätzen der Völkerschlacht bis zur Saale, auf dem Saale-Radweg bis Weißenfels

**LÄNGE DER TOUR** 45,1 km

**SCHWIERIGKEITSGRAD** Die landschaftlich und kulturhistorisch erlebnisreicheTour führt über ebene, verkehrsarme Straßen. Für unbefestigte Feldwege und Kopfsteinpflasterstrecken empfiehlt sich allerdings ein Tourenrad oder Mountainbike.

### TOUR-ÜBERBLICK

| | |
|---|---|
| 0,0 | Hauptbahnhof, durch Innenstadt und Clara-Zetkin-Park zur Pferderennbahn, den Elsterflutkanal auf Rennbahnsteig queren, Nonne, Schleußiger Weg queren, am Elsterflutbett bis zur Brückenstraße |
| 7,5 | Brückenstraße, erst rechts, nach 400 m links in den Lauerschen Weg einbiegen, weiter entlang der Elster bis zum ersten asphaltierten Weg, dort rechts nach |
| 11,3 | Knauthain, Ritter-Pflugk-Straße und Rehbacher Straße nach |
| 14,3 | Rehbach, nach dem Anger rechts, dann Radweg an S 46 links, Querung der B 186, Feldweg in Richtung |
| 16,9 | Seebenisch, weiter über Räpitz nach |
| 18,7 | Schkeitbar, in Höhe der Kirche Abzweig links nach |
| 20,7 | Meyhen, gerade durch den Ort in Richtung |
| 22,3 | Meuchen, weiter geradeaus nach |
| 25,5 | Lützen, zunächst links, dann rechts zur Hauptstraße, wieder links am Schloss vorbei zur B 87, auf dem parallel verlaufenden Radweg nach |
| 28,3 | Röcken, gerade in den Ort hinein, immer der Hauptstraße folgend zurück zur B 87, hinter dem OA rechts in den Feldweg nach |
| 30,5 | Bothfeld, vor dem OE links auf Feldweg, an der ersten Weggabelung rechts, 200 m weiter links auf Pflasterstraße nach |
| 35,1 | Kleinkorbetha, bergab in den Ort, auf der Hauptstraße Richtung Saalebrücke |
| 36,0 | Saale überqueren, 50 m hinter der Brücke links in den Saale-Radwanderweg |

Leutzsch
B 181
Rückmarsdorf
Lindenau
Schönau
B 87
Miltitz
Grünau
Schleußig
Plagwitz
Kulk-
witzer
See
B 2
Pleiße
Groß-
zschocher
Connewitz
Lausen
Göhrenz
Weiße Elster
Albersdorf
Knautkleeberg
Knauthain
Rehbach
Cospu-
dener
See
Seebenisch
MARKKL
Leipzig
Südwest
Zöbigker
Knautnaundorf
Gaschwitz
Großdeuben
zukünftiger
Zwenkauer See
Weiße Elster
Zwenkau
Zitzschen
B 2
B 186
Großdalzig

39,0 Schkortleben
40,0 Kriechau, hier rechts halten
41,4 Möglichkeit eines Abstechers nach Burgwerben
45,1 Weißenfels, weiter auf dem Saale-Radwanderweg bis zum Bahnhof

Konzert vor der Kirche in Meuchen

Tollwitz
Nempitz
Bad Dürrenberg
Kauern
Quesitz
Kulkwitz
Döhlen
Thronitz
Seebenisch
Zöllschen
Gustav-Adolf-
Gedenkstätte
Lützen
Ellerbach
Räpitz
stillgelegt
Schkeitbar
Michlitz
Meyen
Meuchen
Röcken
Schkorlop
Eisdorf
Zitzschen
Gostau
Starsiedel
Floßgraben
Kitzen
Sössen
Großgörschen
Pobles

Gedenkplatte für König Gustav Adolf in Meuchen

# Über plattes Land mit herausragenden Köpfen nach Weißenfels

THOMAS NABERT

Der Leipziger Südwesten zwischen Elster und Saale scheint so außergewöhnlich intakt und gleichzeitig unspektakulär zu sein, dass nur wenige Radwanderer ihn bisher als Ziel wählen. Keine Seen, keine Hügelchen, keine Wälder, noch nicht einmal Tagebaue. Nur eierkuchenplattes, agrarisch genutztes Leipziger Land in Reinkultur. Karl Berger, bekennender Freund des Wanderns und des Leipziger Landes, sah das auf einer Zugfahrt von Leipzig nach Pörsten im Jahre 1933 anders: „Und reizlos kann dieses Land in seiner Weite doch nur der finden, dem seine feinen Profile und seine Windmühlen, Dorfkirchen, Baumgruppen nichts zu sagen haben ... Wie vermag Wind und Wolke, Licht und Luft gerade die Landschaft der Ebene zu wandeln und zu beseelen. Es braucht gar nicht der Beseelung durch die Erinnerung an manche Wanderfahrt und an die großen geschichtlichen Geschehnisse, für die auch der Südwesten des Leipziger Landes Wahlstadt war." Abgesehen davon, dass wir letzteren gespannt entgegentreten, freuen wir uns also auf eine Landschaft für Feinschmecker! Nur der Weg bereitet Sorge, denn radverkehrstechnisch hat sich im Grenzland zwischen Sachsen und Sachsen-Anhalt auf weiten Strecken bisher wenig Geschichtsträchtiges ereignet. Die Bahn, mit der der gute Berger einst fuhr, ist stillgelegt, weil sie keiner mehr brauchte. Die durchaus schlüs-

Straßenbahn 3 bis Endstelle Knautkleeberg, Regionalbahn, Regionalexpress oder Intercity Leipzig–Weißenfels

Kühnis Fahrradverleih am Bahnhof Knauthain (nur am Wochenende) Tel.: (0179)-521 16 28

Kühnis Fahrradeck Leipzig, Am Mühlgraben 2 Tel.: (0341)-429 17 47

Abb. S. 160/161: Saaletal bei Burgwerben

Plattes Leipziger Land zwischen Rehbach und Seehenisch

sige Idee von Pro Leipzig, auf der Bahnstrecke den Elster-Saale-Radwanderweg zu errichten, fand bisher viel Sympathien bei potentiellen Nutzern und Nutznießern, droht aber an der lethargischen Grundeinstellung einiger Kommunen an der Strecke vom Winde verweht zu werden.

Bienenhof und Ausflugslokal Kern in Rehbach
Tel.: (0341)-4 24 45 72

Vom Hauptbahnhof kommend, sollte zunächst der Leipziger Hauptradverteiler entlang Elsterflutbett und Weißer Elster gen Süden genommen werden. Die Elsterbrücke bei **Knauthain** wird gequert und im Zuge der Ritter-Pflugk-Straße – vorbei an Schloss mit Schlosspark (links), Gestüt (rechts), dann Müllerhaus im Korsett (links) und Hoffnungskirche (rechts) der beschauliche Leipziger Ortsteil durchfahren. Weiter geradeaus führt der Weg über die Rehbacher Straße hinauf aus der Elsteraue zu einem der letzten Leipziger Dörfer: **Rehbach.** Während sich Ihre Kinder auf dem Angerspielplatz vergnügen, drehen Sie ruhig eine Runde um den Anger mit seiner noch nahezu vollständig erhaltenen kompakten dörflichen Bebauung und besuchen Sie die Bienenfarm Kern. Aus dem Ort heraus bitte auf keinen Fall geradeaus. Trotz Aussage aller geläufigen Karten gibt es dank ehrgeiziger LPG-Tiefpflüger keinen durchgehenden Weg gen Westen. Dieser führt vielmehr hinter dem Rehbacher Anger rechts hinaus zum neuen Rad

Knauthainer Windmühle an der Rehbacher Straße

Barocke Saalkirche von Schkeitbar

Gasthof „Zum Grünen Baum", Schkeitbar, Räpitzer Straße 33 Tel.: (034444)-2 04 98

weg an der S 46 und links in gerader Verlängerung über die B 186 nach Seebenisch. Wenn Sie der Zustand des Feldweges nerven sollte, lassen Sie einfach Ihren Blick schweifen und denken Sie an die eingangs zitierten Worte von Karl Berger. **Seebenisch** wurde zu Beginn des 19. Jahrhunderts fast vollständig durch einen Brand zerstört. Danach bestimmten lange Zeit der Kohleabbau in den Leipziger Kohlewerken AG Kulkwitz und ab 1912 der Erdbeeranbau die Entwicklung des Ortes. Auf dem äußeren Grünen Ring geht es weiter gen Süden über **Räpitz** (mit sehenswerter Industriemühle) ins fast (2008) tausendjährige **Schkeitbar.** In grauer Vorzeit befand sich hier ein heiliger Hain der Sorben, den dann ein niederträchtiger Merseburger Bischof zerstören ließ. Die Bockwindmühle steht seit 1800 am Ort und erlebte auch schon bessere Zeiten. Sehenswert ist die barocke Saalkirche von 1742. Nach einem guten Stück Wegstrecke durch den Leipziger Südwesten lassen sich für die weitere Fahrt mindestens drei Faustregeln ablesen: 1. Auf dem leichten Höhenrücken zwischen Elster und Saale ist es immer etwas luftig, was an heißen

Alte Pflasterstraße zwischen Schkeitbar und Meyhen

König Gustav Adolfs Tod in der Schlacht bei Lützen und die Kirche zu Meuchen

Tagen ideal, an windigen aber kraftaufwändig ist. 2. Sie fahren fast ausschließlich sonnige Wege, trotz der herrlichen Obstbaumalleen. Schatten spendende Rastplätze bieten vor allem die kleinen Dörfer, die auch meist über Gastronomie verfügen. 3. Seien Sie bezüglich der Wegebeläge auf alles gefasst und entsprechend gelassen! So auch, wenn es nun auf altem Kopfsteinpflaster nach **Meyhen** und Meuchen geht. (Randstreifen fahren!) Ersteres – ohne Kirche und Friedhof – ist ein malerisches Runddorf, in dem sich die großen Dreiseithöfe in unregelmäßiger Anordnung um den Dorfplatz gruppieren. Vorbei an einem alten Mühlengut, lässt uns der Atem der Geschichte in **Meuchen** erstmals auf der Tour erschauern. Gut gestärkt zog der schwedische König Gustav Adolf an einem nebligen Novembertag des Jahres 1632 vom Ort aus als Führer des schwedisch-protestantischen Heeres gegen das kaiserlich-katholische Heer Wallensteins in eine der verlustreichsten Schlachten des Dreißigjährigen Krieges. Abends brachte man ihn mausetot in die Kirche von Meuchen zurück, säuberte ihn hier und bahrte ihn auf. In der Nacht zum 6. November wurde er dann weiter nach Weißenfels transportiert. Wenn Sie die ganze Wahrheit wissen wollen, sollten Sie sich vorher anmelden. Damit Sie nun nicht das Gefühl

Totenbahre Gustav Adolfs in der Kirche Meuchen

Gustav-Adolf-Gedenkstätte mit Kapelle und Baldachin bei Lützen

Gustav-Adolf-Gedenkstätte
Lützen
Tel.: (034444)-2 03 17

Überlebensgroßer Gustav Adolf am Rathaus Lützen

haben, dem Leichenzug nach Weißenfels folgen zu müssen, bringt Sie eine Rast unter den schattigen Bäumen vor der Kirche zunächst auf andere Gedanken. Das Thema bleibt jedoch auch auf dem Weg nach und in Lützen gegenwärtig, da auf den angrenzenden Feldern das blutige Gemetzel stattfand, bei dem 9000 Mann und weit über 1000 Pferde starben. Ein Abstecher zur Gustav-Adolf-Gedenkstätte mit gusseisernem, neugotischem Baldachin von Karl Friedrich Schinkel, Gustav-Adolf-Kapelle (1907 geweiht), Ausstellungshäusern, Park mit Tiergehege und einem Museumsshop ist lehrreich. Vielleicht treffen Sie dort auch das schwedische Königspaar Carl XVI. Gustav und Silvia bei einer ihrer Reverenzen am Ort. Unsere Tour führt jedoch von Meuchen (hinterm Ort Querung der besagten, stillgelegten Bahnstrecke nach Pörsten und wenig später des Floßgrabens) direkt hinein ins beschauliche **Lützen**. Dieses verdankt sein städtisches Dasein der Lage an der einst wichtigen Handelsstraße von Leipzig nach Frankfurt. Bereits im 13. Jahrhundert errichteten die Merseburger Bischöfe daher hier eine Zollburg (1252 Grundstein) und einen Markt (1281). Das bedeutende agrarische Hinterland ließ das Städtchen bis zu Beginn des 20. Jahrhunderts bescheiden blühen. Ausdruck dessen ist nicht zuletzt das 1884/85 im Stil der deutschen Frührenaissance erbaute Rathaus am Markt. In Höhe des 1. Stockes steht eine 2,5 m hohe Statue des Schwedenkönigs Gustav Adolf. Am Markt liegt auch die auf das Jahr 1569 zurückgehende Gaststätte „Roter Löwe". Die weithin sichtbare Stadtkirche St. Viti aus dem 15. Jahrhundert ist eine für Obersachsen typische dreischiffige Hallenkirche. Ältestes und imposantestes Gebäude des Ortes ist jedoch das Schloss, dessen Ursprünge auf die genannte mittelalterliche Wasserburg zurückgehen. Um 1687 erhielt es seine jetzige Gestalt. Im Schloss befindet sich seit 1928 ein sehenswertes Museum mit Dioramen der Schlacht bei Lützen 1632 mit 3600 Zinnfiguren und der Schlacht bei Großgörschen vom 2. Mai 1813 mit 5500 Zinnfiguren. Neben der Stadtgeschichte widmet sich ein weiterer Ausstellungsteil dem Dichter und Schriftsteller Johann Gottfried Seume, der im nahen Poserna geboren und in Knautkleeberg aufgewachsen, später die Welt bis nach Syrakus erkundete. Im Wallenstein-Zimmer, wo der kaiserliche Feldherr tatsächlich genächtigt haben soll, befindet sich ein kleines gemütliches Café. Von Lützen geht es auf einem richtigen Radweg – allerdings parallel zur Bundesstraße 87 – nach **Röcken** und damit zu einer weiteren genialen, aber tragischen Persönlichkeit der deutschen Geschichte. Friedrich Nietzsche, einer der bedeutendsten Philosophen des 19. Jahrhunderts mit großer Wirkung auf die europäische Geistesgeschichte wurde hier am 15. Oktober 1844 als Sohn des Dorfpfarrers geboren und nach seinem Tode am 25. August 1900 an der Südwand der Kirche unter einem schlichten Findlingsstein beigesetzt. Geburtshaus, Taufkirche, Dorfschule und Grabstätte sind noch heute wenig veränderte Zeugen seiner Zeit. Eine schwere Kindheit und lange Krankheit prägten diesen Mann ebenso wie fehl interpretierende, vermeintliche Verehrer. Seinem Schicksal ist eine

Schloss Lützen

Museum im Schloss
Lützen
Tel.: (034444)-2 02 28

Schloßcafé
Schloßstraße 4
Tel.: (034444)-2 23 43

Nietzsches Totenmaske

Nietzschedenkmal des Bildhauers Klaus Friedrich Messerschmidt

Friedrich-Nietzsche Gedenkstätte, Röcken
Tel.: (034444)-2 35 40
„Weinstube Doris", Burgwerben, Friedensstraße 12
Tel.: (03443)-20 78 51

Im Saaletal bei Burgwerben

hervorragend gestaltete neue Ausstellung gewidmet. Auf den ersten Blick unergründlich (er zweimal nackt mit Hut und einmal mit Mutter am eigenen Grab) ist dagegen sein neues Denkmal an der Kirche. Es macht neugierig und eignet sich hervorragend für Gruppenfotos. Ein Feldweg führt uns nun zum beschaulichen Straßenangerdorf **Bothfeld** und danach über eine romantische Kopfsteinpflasterstraße (Randstreifen größtenteils befahrbar) und die Autobahn A 9 nach **Klein- und Großkorbetha.** Was beide Orte miteinander verbindet, ist für uns wichtig: nämlich eine (für Radfahrer zugelassene) Brücke über die Saale. Großkorbetha ist vor allem als wichtiger Eisenbahnhaltepunkt bekannt und sollte als eine Variante für die Rückfahrt vorgemerkt werden. Etwa 50 m hinter der Brücke, also noch vor Großkorbetha, geht es links auf den Saale-Radwanderweg, vorbei an **Schkortleben** und nach Querung der imposanten, das Saaletal überspannenden Brücke der Autobahn A 38 durch **Kriechau** Richtung Weißenfels. Eine etwas andere Kulturlandschaft bietet sich hier dem Auge. Links und besonders rechts der breiten, nur mit Baum- und Gebüschgruppen oder Streuobstwiesen bestückten Flussaue bauen sich sanfte Hügel auf, von denen bei **Burgwerben** sogar erste Weinberge grüßen. Der Ort wird bereits im 9. Jahrhundert als karolingische Wallburg erwähnt und konnte 1998 auf 1 000 Jahre Weinanbaugeschichte zurückblicken.

In **Weißenfels** führt der Radweg unweit vom Bahnhof (Rückfahrt!) vorbei über die Saale in die Altstadt. Wie aus einem Füllhorn ergießen sich hier die Sehenswürdigkeiten und Museen der durch viele Renaissance- und Barockbauten geprägten, über 800 Jahre alten ehemaligen Residenzstadt auf den Reisenden. Die spätgotische Marienkirche entstand etwa 1430 nach Plänen von Johann Reinhard. Der barocke Aufbau des Kirchturmes entstand nach dem Stadtbrand von 1718. Nahe der Kirche liegt das barocke Rathaus (um 1720), die alte Stadtschule mit schönem Renaissanceportal und an der Südseite des Marktes ein Bürgerhaus der Renaissance, in dem die Schriftstellerin Louise von Francois (1817–1893) lebte. In der westlich davon gelegenen Klostergasse 24 wohnte der bedeutendste Vertreter der deutschen Frühromantik, Friedrich von Hardenberg, genannt Novalis (1772–1801). Eine hohe Mauer verbirgt den Garten mit seinem restaurierten Pavillon. Wenige Meter weiter liegt das ehemalige St.-Claren-Kloster

Rathausportal in Weißenfels

Stadtkirche St. Marien
Kirchgasse

Novalisgedenkstätte
mit Pavillon
Klosterstraße 24
Tel.: (03443)-23 45 31

Friedrich von Hardenberg, genannt Novalis und Gebäudedetail in der Altstadt

Heinrich-Schütz-Haus
Nicolaistraße 13
Tel.: (03443)-30 28 35

Mitteldeutsches Orgelbaumuseum und Ladegastzentrum
Nicolaistraße 13
(Eingang Kirchgasse)
Tel.: (03443)-23 12 75

Gustav-Adolf-Museum/ Geleitshaus
Große Burgstraße
Tel.: (03443)-20 50 31

Museum Schloss Weißenfels
Tel.; (03443)-30 25 52

(seit 1303 hier). Es diente nach der Reformation als bedeutende Bildungsstätte. Im Renaissancehaus Nicolaistraße 13 verbrachte der Komponist Heinrich Schütz (1585–1672) 21 Jahre seines Lebens. Die beeindruckende Ausstellung zum Künstler und seiner Zeit wird ergänzt durch eine Dauerausstellung des Ladegast-Kollegiums zum Orgelbau in Mitteldeutschland. Friedrich Ladegast (1818–1905) zählte zu den wichtigsten deutschen Orgelbauern und ließ sich 1846 in Weißenfels nieder. Auf dem Weg zum Schloss Augustusburg ist das „Geleitshaus" von 1553 mit seinem Gustav-Adolf-Museum unbedingt zu empfehlen. Der tote Schwedenkönig wurde hier nach seiner Aufbahrung in Meuchen obduziert und einbalsamiert. Ein Diorama mit 10 000 Zinnfiguren veranschaulicht das blutige Gemetzel von 1632. Der kleine Rundgang durch die Altstadt

Heinrich Schütz und Heinrich-Schütz-Haus

zahlreiche Restaurants in der Altstadt

zeigt, dass das reiche kulturelle Erbe bisher nur punktuell gerettet werden konnte. Neben der Pracht der Renaissance oder des Barock stehen häufig Ruinen oder haben sich Lücken breit gemacht. Wer jedoch die graue Stadt zu Füßen des weißen Felsens noch aus DDR-Zeiten kannte, kann das bisher Geleistete nicht hoch genug schätzen. Krönender Abschluss der Tour ist natürlich das über der Stadt thronende Schloss Neu-Augustusburg, erbaut 1660–1694 von Johann Moritz Richter (Vater und Sohn) anstelle einer im Dreißigjährigen Krieg zerstörten Burg als Residenz der Herzöge von Sachsen-Weißenfels. Die Schlosskirche mit originaler Ausstattung gilt als schönste frühbarocke Kirche Mitteldeutschlands. Ihre Geschichte ist eng mit Musikerpersönlichkeiten wie Georg Friedrich Händel und Johann Sebastian Bach, dessen Talent hier an der Orgel erkannt wurde, verbunden. Neben der Ausstellung zur Weißenfelser Herzogzeit und der Fürstengruft zählt das Schuhmuseum zu den besonderen Anziehungspunkten des Schlosses. Immerhin war Weißenfels bis Anfang der 1990er Jahre ein bedeutender Ort der Schuhproduktion (zuletzt Qualitätsmarke Sanova). Eine der vielen Gastwirtschaften der Stadt sollte Ihnen dann Gelegenheit zur Stärkung und zum Revuepassierenlassen des Tages bieten. Ein Tag, der eingangs doch so wenig versprach …

Schloss Neu-Augustusburg, um 1780

Zweirad Riese
Am Klemmberg 4
Tel.: (03443)-34 10 80

Rückfahrt
Zug Weißenfels–Leipzig

Marktplatz mit Blick zum Schloss

# Auf Salzwegen und an Floßgräben entlang nach Bad Dürrenberg

# Auf Salzwegen und an Floßgräben entlang nach Bad Dürrenberg

## TOUR 10

### HINWEISE FÜR RADLER

| | |
|---|---|
| TOUR-EMPFEHLUNG | Aus dem Leipziger Stadtzentrum heraus, über Felder und Wiesen, verschlafene Ortschaften ins durchaus sehenswerte Bad Dürrenberg. |
| LÄNGE DER TOUR | 37,0 km |
| SCHWIERIGKEITSGRAD | Relativ kurze, ebene Tour, die auf teilweise schlecht befahrbaren Wald- und Wiesenwegen verläuft und deshalb für Familien und Senioren nur bedingt zu empfehlen ist. Durch fehlende Ausschilderung ab Miltitz stellt die Strecke erhöhte Orientierungsanforderungen. |

### TOUR-ÜBERBLICK

| | |
|---|---|
| 0,0 | ab Hauptbahnhof zum |
| 2,1 | Clara-Zetkin-Park, hindurch zum |
| 3,9 | Karl-Heine-Kanal, Radweg entlang bis |
| 6,5 | Luisenbrücke/Lützner Straße, diese weiter bis Kulkwitzer See/Restaurantschiff |
| 11,1 | Kulkwitzer See/Restaurantschiff, zurück zur Lützner Straße, dort rechts auf den Radweg „Grüner Ring“ |
| 13,0 | Miltitz, Mittelstraße, links zur Geschwister-Scholl-Straße, Bahnübergang, wieder links in die Poststraße, rechts in die Rosenstraße, wieder rechts zurück zur Geschwister-Scholl-Straße |
| 15,1 | Lindennaundorf, am OE hinter der Mühle links in Mittelweg Richtung nördlicher Ortsrand von Markranstädt |
| 19,3 | Querung der B 186 |
| 21,5 | Altranstädt, weiter auf der Hauptstraße in Richtung Großlehna/Kleinlehna |
| 23,7 | Kleinlehna, Querung der Renne, vom südwestlichen Ortsrand auf Feldweg bis |
| 25,8 | Nempitz, links um und durch den Rundling Treben, dann über die Floßgrabenbrücke rechts an der Kirche vorbei, zurück über den Floßgraben auf der Kirschstraße Richtung A 9 nach |
| 29,0 | Rampitz, auf der Hauptstraße nach rechts zum Schulweg, unter der Bahn hindurch über Floßgraben Richtung |

Breitenfeld
Leipzig-Mitte
B 6
pitz
Leipzig Messe
Lützschena-Stahmeln
Wahren
Mockau
Möckern
Eutritzsch
B 6
orf
Burghausen
Gohlis
LEIPZI
Leutzsch
B 181
kmarsdorf
Lindenau
Anger-Crotten-dorf
orf
Schönau
B 87
Grunau
Schleußig
Plagwitz
B 2
Pleiße
Groß-zschocher
Connewitz
Lößnig
Lausen
Dölitz
öhrenz
Weiße Elster
Albcrodorf
Dösen
Knautkleeberg
Knauthain
Rehbach
Cospu-dener See
MARKKLEEBERG
Leipzig Südwest
Zöbigker
aundorf
Gaschwitz

30,6 Kötzschau, entlang des Floßgrabens (am Gasthaus vorbei) kurz nach rechts auf der Straße, gleich wieder links über den Parkplatz, auf Dammweg am Floßgraben entlang Richtung Schladebach

32,0 Schladebach, auf der Straße nach rechts, vor den ersten Häusern links dem trockenen Floßgraben folgen, Straße Wallendorf–Lützen überqueren, weiter grabenabwärts bis Speicherdamm

►ABSTECHER (6 km): *nach Wallendorf vorbei am Schleusentorso des Elster-Saale-Kanals in Wüsteneutzsch*

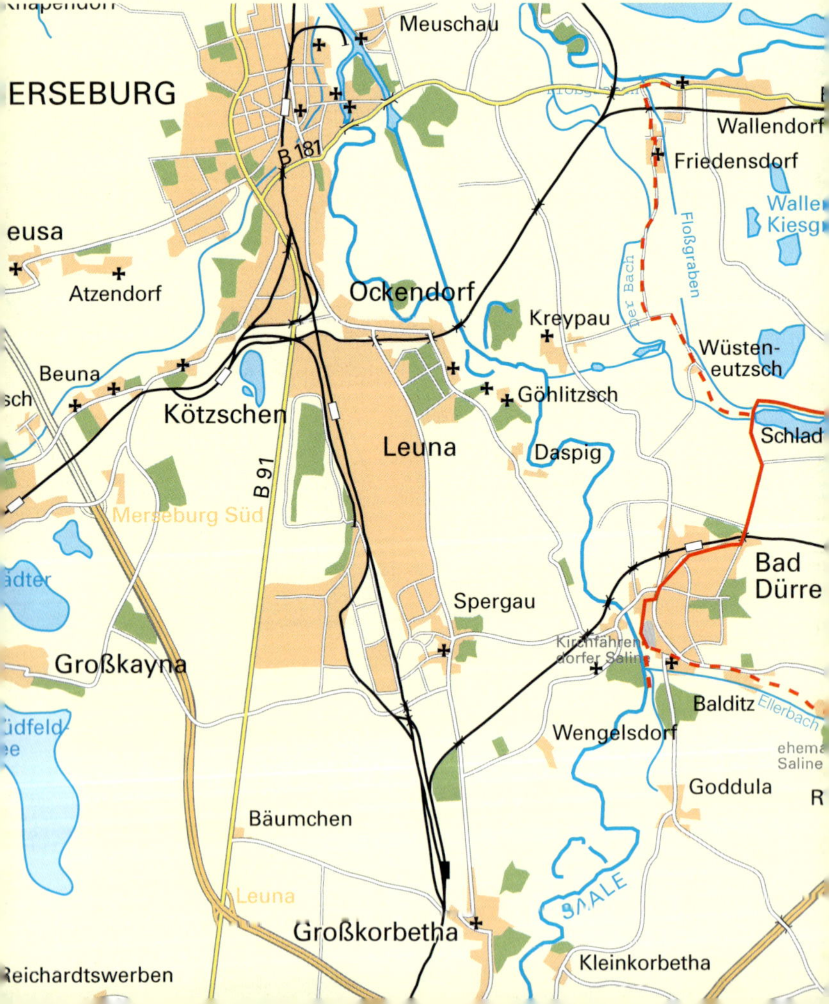

34,7 Speicherdamm, Abzweig links, Floßgraben queren, über den Damm zur Kompostieranlage, dort links zur Landstraße, diese in südlicher Richtung nach

37,0 Bad Dürrenberg, Eisenbahn überqueren, rechts an der Bahn entlang zur Ortsmitte Richtung Saline
►ABSTECHER (1 km): *Saale-Radwanderweg bis Persebachmündung (Salzamt, Wehr der ehemaligen Wasserkunst)*

Alternativer Rückweg (7 km) vom Kurpark auf Wanderweg Bad Dürrenberg–Lützen durch Keuschberg, Balditz, Teuditz über Kauern und Zöllschen nach Lützen.

# Auf Salzwegen und an Floßgräben entlang nach Bad Dürrenberg

HELMUT HARTMANN

Reliefbild der Stele an der Alten Salzstraße in Leipzig-Grünau

Straßenbahn 8, 15 bis Endstelle Miltitz, 1, 2 bis Endstelle Lausen
Zug Leipzig–Bad Dürrenberg

Abb. S. 176/177: Am Gradierwerk in Bad Dürrenberg

Kurschwerter an der alten Doppelbogenbrücke am Kulkwitzer See

Auf das „Salz in der Suppe" kann man zur Not noch verzichten. Völlig ohne Salz geht es allerdings auch im heutigen Alltagnicht. In früheren Jahrhunderten war es sogar ein lebensnotwendiges,kostbares Gut, vor allem dort, wo es nur mühevoll gewonnen wurde oder gar eingeführt werden musste. Jeder Untertan in Kursachsen verbrauchte beachtliche 7 kg Salz jährlich vorwiegend zum Konservieren der Nahrungsmittel. Die alten Salzstraßen des Reiches mussten deshalb sehr sichere, hochwasserfreie Verbindungensein. Nicht selten findet man den Namen Salzstraße auf alten Karten oder, wie in Grünau, sogar als aktuellen Straßennamen. Wir wählen für unsere Radtour aber besser, vom Hauptbahnhof kommend die Lützner Straße als ehemalige Via Regia durch Grünau bis zum Kulkwitzer See. Die alte Heerstraße wird heute vom See durchschnitten und endet am Restaurantschiff. Ihre historische Doppelbogenbrücke mit den Kurschwertern im Schlussstein spannt sich noch über den Zschampert. Eine ehemals dort stehende Ganzmeilensäule Kurfürst Augusts des Starken findet sich in Miltitz in der Mittelstraße10wieder, wo ihre Reste mit Posthorn und Jahreszahl 1735 in den Sockeln der Toreinfahrt „bewundert" werden können. Die Route führt in Miltitz linkerhand zur Hauptstraße, über den Bahnübergang, wieder nach links in die Poststraße, vorbei am neugotischen Direk-

tionsgebäude der ehemaligen Schimmelschen Chemischen Werke. Die nach den Plänen von Max Bösenberg 1901–1907 errichtete Werkskolonie mit eigenem Rathaus und Postgebäude sowie Casino im Heimatstil wird durch die Rosenstraße „erfahren". Unterwegs nach Lindennaundorf wird hinter der am Ortseingang stehenden Bockwindmühle (1848 erbaut) links in den „kalten Feldweg" eingebogen. Über weite Feldfluren nördlich Markranstädts, auf denen der Verfasser bei der Tourerkundung im Winter schon einmal etwa hundert äsende Schwäne beobachten konnte, wird nach Querung der B 186 Altranstädt erreicht. Ein Muss ist hier das Schloss (um 1600 im Renaissancestil als Dreiflügelanlage im Bereich des 1541 auf-

An den ehemaligen Schimmelschen Werken in Miltitz

Gaststätte Haugk
Altranstädt, Sportlerweg 3
Tel.: (034205)-8 79 37

Schloss Altranstädt und Wappen am Schloss

gelösten Klostergutes direkt an den Westquerturm der spätromanischen Saalkirche durch die Grafen von Hohenthal angebaut), Hauptquartier des Schwedenkönigs Karl XII. während des Nordischen Krieges 1706/07, in dem August der Starke auf die polnische Königskrone verzichten musste. Verhandelt wurde dies im Friedenszimmer des Schlosses. Weiter geht es Richtung **Großlehna** und **Kleinlehna**, das nach Querung der Renne an seinem nordwestlichen Ende über einen Feldweg verlassen wird, der nach **Nempitz,** das eigentlich aus den Dörfern Nempitz, Oetzsch und Treben besteht, führt. Links liegt das Sackgassendorf **Treben,** wo sich früher der Ausspann-

Gehöft Treben Nr. 4 (oben)

„Jägerheim" in Großlehna
Tel.: (034205)-9 95 45

Querung der Autobahn hinter Treben

gasthof für die Salzfuhrwerke (Treben Nr. 4) befand. Durch den Ort und über eine weitere Floßgrabenbrücke nach rechts, an der Oetzscher Kirche vorbei, gelangen wir – an Höhe gewinnend – auf der alten Kötzschauer Salzstraße über die Autobahn nach **Rampitz.** Jenseits der Autobahnbrücke ist der Floßgraben aufwendig zur Bachaue mit Kolken, Benjeshecken und Aufforstungen gestaltet worden, ein Abstecher vor Rampitz nach links zum Graben lohnt sich deshalb. Jenseits des Grabens grüßt die romanische Wehrkirche von Thalschütz mit schmalem, spitzhelmbekrönten Turm.

In Rampitz biegt die Hauptstraße nach rechts zum Schulweg ab, der am Rand einer breiten Aue, gebildet vom Floßgraben und dem von Kleinlehna heranfließenden Bach (er heißt tatsächlich „Der Bach"), unter der Thüringer Bahn hindurch und

Floßgrabenbiotop vor Nempitz

über eine Floßgrabenbrücke nach **Kötzschau** ins Salinengelände führt, durch Wiesen, vorbei an Teichen und flankiert vom Wald des ehemaligen Rittergutes.

Wenn der Floßgraben westlich abschwenkt, liegt bis zu den Häusern des Dorfes die ehemalige Saline vor uns, ein Areal von ca. 800 x 250 m. 1333 ist die Saline Kötzschau gemeinsam mit der Saline Teuditz erstmals erwähnt worden. Gegenüber, am Dorfrand, befand sich der alte Soleschacht, bergmännisch abgeteuft und begehbar, versehen mit je zwei Wind- und Wassermaschinen. Betrieben auch von einem vom Bach abgeleiteten Kunstgraben, hoben sie mehrmals die 16%ige Sole zur Anreicherung durch Verdunstung auf drei je 300 m lange, mit Schwarzdorngestrüpp ausgestopfte Gradierhäuser.

Zwischen Bach und Kunstgraben wohnten in niedrigen feuchten Behausungen die knapp 30 Salinenarbeiter mit ihren Familien am Rande von Kötzschau, zu dessen Kirche sie sich mit Salzabgaben das Wegerecht erkaufen mussten. Sie waren direkte Untertanen des Kurfürsten auf eigenem Territorium und unterlagen einer eigenen Gerichtsbarkeit. Zur Saline gehörten auch Siedekoten, wo in großen eisernen Pfannen

Storchennest im Rittergut Kötzschau

„Gaststätte zur Mühle"
Kötzschau,
Bahnhofstraße 11
Tel.: (03462)-8 78 33

Schilffelder und Salzwiesen bedecken das Salinegelände von Kötzschau

Kirchturm und Rittergut in Kötzschau

mittels des aus dem Vogtland herangeflößten Scheitholzes das Siedesalz gesotten wurde. Im Garten des Müllers erschloss man später eine zweite Salzquelle in 266 m Tiefe. Nach Schließung der kleinen und wenig rentablen Saline 1861 durch den preußischen Staat, der 1815 diesen Teil Sachsens bekommen hatte, fielen das Salinenterritorium an das Rittergut und die Wasserkraft des Floßgrabens an den Müller. Heute sind nur noch Schilffelder, Salzwiesen und kleine Hügel als Reste der Gebäude zu sehen. An der Rittergutsmauer ist die Saline aus der Vogelperspektive als Fresko abgebildet.

Wir fahren entlang des Floßgrabens am Gasthaus „Zur Mühle" vorbei, kurz nach rechts auf der Straße bis zur Buswendeschleife mit Parkplatz links, den wir queren, und folgen einem sehr schönen Dammweg den Floßgraben entlang. Im malerischen Sumpfwald zwischen Kötzschau und Schladebach nähert sich nach Passieren eines großen Teiches rechterhand der 2–3 Meter tiefer fließende „Bach" von rechts stellenweise fast bedrohlich. Vor **Schladebach** erwarten uns zwei technische Besonderheiten des Floßgrabens. Erst überquert er auf einem „Fluter" (Trogbrücke) den Bach, um dann mit erheblichem Gefälle in ihn zu münden. Das ist seit Mitte der siebziger Jahre so, nachdem der Floßgraben 1,5 km abwärts durch ein aus dem Geiseltal in den Tagebau Wallendorf wechseln-

Der Floßgraben quert den Bach auf einem Fluter (Trogbrücke) vor Schladebach

Dorfstraße in Schladebach

des Tagebaugroßgerät zerfahren und bis heute noch nicht wieder instand gesetzt wurde. Dafür hat das entsprechende Merseburger Amt nun offiziell das Ende des historischen Floßgrabens mehrere Kilometer vorverlegt. Da gibt es keine Kosten und unnützen Probleme mehr. Diese Praxis scheint amtlicherseits recht beliebt zu sein, auch in Leipzig wird sie angewandt (Östliche Rietzschke).

Infolgedessen ist dieser um 1596 angelegte Zweig des Großen Elsterfloßgrabens (der als Technisches Denkmal des historischen Wasserbaus von europäischem Rang mit seinen 72 km vermutlich das längste Denkmal Deutschlands ist) ab Schladebach wasserlos und wurde als lästiges Hindernis inmitten der Großfelder von den Friedensdorfer LPG-Bauern auf 2 km Länge untergepflügt. Das daraus resultierende ökologische Desaster (Absterben der alten Kopfweiden am trockenen Graben vor Wüsteneutzsch, Austrocknung und Erosion der Felder am graben- und damit wasserlosen Saaletalhang zwischen Wüsteneutzsch und Friedensdorf) kann beim Abstecher nach Wallendorf besichtigt werden. Die zweite Besonderheit finden wir 100 m weiter Richtung Schladebach. Der die Straße flankierende trockene Floßgraben überquert mit

Absterbende Kopfweide am wasserlosen Floßgrabenabschnitt bei Wüsteneutzsch

Beispiel barocker Wasserbaukunst bei Schladebach: das den Altranstädter Graben querende Gewölbe trägt Straße und eingetieften Floßgraben

Bei Wallendorf gefundenes Feuersteingerät des Homo erectus

ihr auf einem originalen (von insgesamt drei am Floßgraben noch erhaltenen) barocken Sandsteingewölbe mit der Jahreszahl 1786 im Schlussstein einen Zufluss des Bachs, den Altranstädter Graben, bevor er vor dem Dorf links parallel zum Bach Richtung Saaletal abschwenkt. Wir folgen dem trockenen Graben am Ortsrand entlang, überqueren die neue Straße Wallendorf–Lützen und fahren weiter grabenabwärts zwischen einem der Beregnung dienenden Wasserspeicher des „Baches" (links) und den Wallendorfer Kiesgruben (rechts) bis in Höhe des Staudammes. Aus den Kiesgruben liegen zahlreiche Feuersteingeräte vor, die von der Anwesenhait des Urmenschen vor 300 000 Jahren zeugen. Ab hier beginnt der Abstecher am nördlichen Floßgraben, der die Saline Halle mit Brennholz versorgte, bis zu seiner Mündung in die Luppe bei Wallendorf. In Wüsteneutzsch überrascht die riesenhafte unfertige Schleuse des geplanten Elster-Saale-Kanals. Zusammen mit einer zweiten Schleuse wären die Schiffe 22 m angehoben bzw. gesenkt worden.

Unsere Tour führt aber zum südlichen Floßgrabenzweig bzw. Persebach, der die Saline Teuditz und die Stadt Merseburg bediente und bei Bad Dürrenberg in die Saale mündet. Wir verlassen in Höhe des Speicherdammes den Weg nach links, queren den Floßgraben, (der hier übrigens noch von mehreren Begrenzungssteinen im 50-m-Abstand flankiert wird), fahren oder schieben über den Damm ans andere Bachufer, lassen eine Kompostieranlage (mit toller Leuna-Silhouette im Hintergrund) rechts liegen und stoßen geradeaus auf eine Landstraße, auf der in Südrichtung **Bad Dürrenberg** (1917 aus Zusammenschluss von sieben Dörfern entstanden, 1947 Stadtrecht) erreicht wird. Am Ortsrand, nach Überqueren der Eisenbahn, wird entlang der Bahn gefahren. Vorbei am Bahnhof (Rückfahrmöglichkeit nach Leipzig!) geht es zur Ortsmitte Richtung Saline. In Bad Dürrenberg sollten wir uns Zeit nehmen. Zu bestaunen sind die 9 m hohen, mit Schwarzdorn (Schlehen) gefüllten und dreimal von der 9%igen Salzsole überrieselten, mit 885 m längsten zusammenhängenden Gradierwerke Europas. Den Kurpark (Kurbetrieb 1846–1965) und den 1764 erbauten Borlachturm (Museum) über dem 223 m tiefen Soleschacht gilt es ebenfalls zu ergründen. Übrigens wurde aus dem benachbarten Schacht unter dem Witzlebenturm (1763–1781 erbaut) geförderte Sole (1928–1991) unter der Saale hindurch in die Leunawerke zur Kesselspeisewasseraufbereitung gepumpt, während die eigentliche Saline 1963 stillgelegt wurde.

Die Gradierwerke I, II, IV stehen z. T. in einer frühdeutschen Burganlage (die Burg Keuschberg markierte im 8. Jahrhundert zusammen mit den Burgen Goseck und Merseburg die fränkische Ostgrenze, „Thuringia australis") und sogar ein Menhir aus grauer Vorzeit („Hinterschanzenfelder-Hunnenstein" genannt) soll am Gradierwerk IV gestanden haben. Manche aus der Zeit des Salinisten Johann Gottfried Borlach (1687–1768)

Villa „Erika" in Bad Dürrenberg

Fremdenverkehrsbüro
Bad Dürrenberg,
Leipziger Straße 12
Tel.: (03462)-94 33

Kurpark mit Gradierwerk

Kurpark und Café im Kurpark

„Café im Kurpark"
Tel.: (03462)-93 36 96

stammende Siedehäuser sind ruinös und nicht zugänglich. Borlach war von August dem Starken nach Sachsen geholt worden, um der ewigen Salzknappheit zu begegnen.

Bad Dürrenberg feiert in eindrucksvoller Weise immer am Sonntag nach dem 15. September sein Brunnenfest. Das ehrwürdige Salzamt aus dem 16. Jahrhundert steht am Saalewehr der ehemaligen Wasserkunst, durch die die Sole aus den beiden Schächten gefördert wurde. Wir fahren auf dem

Saalewehr der verschwundenen Bad Dürrenberger Wasserkunst

Borlach- und Witzlebenturm als Wahrzeichen Bad Dürrenbergs

Borlach-Museum
Bad Dürrenberg,
Leipziger Straße 12
Tel.: (03442)-2 10 06
(von Mai bis September an Wochenenden geöffnet)

Saale-Radwanderweg am Salzamt vorbei flussaufwärts und stoßen am Fuß des Salinenparks auf die Mündung des Persebaches, die das Ende des südlichen Elsterfloßgrabenabzweigs markiert. Hier gelangten seit 1587 die von der langen Trift aus dem Vogtland, dem Erzgebirge und Böhmen noch übrig gebliebenen Brennholzscheite in die Saale und wurden flussabwärts am anderen Ufer am Merseburger Holzplatz angelandet. Halle erhielt, wie wir schon wissen, sein Brennholz über den nördlichen Floßgrabenzweig und die Luppe.

Bad Dürrenberg hat mehrere Hotels und Pensionen
www.stadt-bad-duerrenberg.de

Fahrradwerkstatt Wilde
Bad Dürrenberg,
Leipziger Straße 8
Tel.: (03462)-8 04 70

Für eine **alternative Rückroute** kann ab Salinengelände der Rundwanderweg Lützen-Bad Dürrenberg genommen werden, der am linken Bachufer über Balditz nach Teuditz mit weiteren Sachzeugen der Saline und der mit ihr verbunden gewesenen bergbaulichen Aktivitäten führt.

Das 1333 ersterwähnte und 1586 auf Veranlassung des sächsischen Kurfürsten August wiedererrichtete Salzwerk **Teuditz** erzeugte im 18. Jahrhundert 100 Tonnen Speisesalz pro Jahr mit 19 Arbeitskräften. Es verfügte über zwei Soleschächte von 87 und 148 m Tiefe, 340 m lange Gradierwände, Wasser- und Windkünste mit Feldgestängen. In Teuditz wurde erstmals in Deutschland die Strohgradierung angewandt und die

In Teuditz

Am Ellerbach bei Balditz

Sole mit Kalk gereinigt. Seit 1797 gab es eine Dampfmaschine zur Soleförderung. Die Salinenabfälle nutzte der als Begründer der modernen Pharmazie geltende Erfurter Apotheker von Trommsdorff in seiner von 1812 bis 1822 betriebenen chemisch-pharmazeutischen Fabrik zur Herstellung u. a. von Salpeter und Seignettesalz. So kann Teuditz mit Fug und Recht von sich behaupten, ein Kristallisationspunkt des mitteldeutschen Chemiedreiecks gewesen zu sein.

Über den Anger von **Kauern** mit der ihn unterquerenden Kunstgrabenrösche als Zeugnis des Bergbaus verlassen wir das Dorf in östlicher Richtung, halten uns halbrechts und durchfahren die feuchte Persebachaue in Richtung Autobahnunterführung, die wir gemeinsam mit dem Persebach-Floßgraben, der im Gegensatz zum Kunstgraben Wasser führt, benutzen. Jenseits der A 9 überqueren wir den Bach auf einer Fußgängerbrücke und fahren nach **Zöllschen**, das halb durchquert und in der Dorfmitte nach links verlassen werden muss, um auf dem wie beschrieben markierten Wanderweg Lützen–Bad Dürrenberg, einem breiten, mit jungen Bäumen bepflanzten, mitunter aber schlammigen Feldweg, zur alten Linde auf dem ehemaligen

Schlachtfeld von 1632 zu gelangen, um schließlich **Lützen** zu erreichen.

Danach wird die mitteldeutsche Kluft zwischen den Ländern allerdings ganz offensichtlich, weil es trotz der schnellen Straßen keine Radverbindung zwischen Leipzig und Lützen gibt. Der idealen Lösung dieses Problems, der geplanten Realisierung des Projektes Elster-Saale-Radwanderweg auf der ehemaligen Eisenbahntrasse nach Pörsten, stehen einige der anliegenden Kommunen leider nur abwartend gegenüber.

Liegt es vielleicht daran, dass die Gegend schon früher als entlegen und gefährlich galt? Dies würde die folgende Geschichte bestätigen. So wurde der Lützner Schmied Lorentz Nickel im Dezember 1632 auf dem Weg von Markranstädt nach Lützen im Bereich der Floßgrabenbrücke vom Schkölziger Wald her von einem Wolfsrudel angegriffen und mußte sich auf einen Baum retten.

Blick von Ellerbach Richtung Lützen

# Zwischen Chemie und Mittelalter – auf dem Weg nach Merseburg

# Zwischen Chemie und Mittelalter – auf dem Weg nach Merseburg

## TOUR 11

### HINWEISE FÜR RADLER

| | |
|---|---|
| TOUR-EMPFEHLUNG | Start am Hauptbahnhof, den Karl-Heine-Kanal entlang, weiter am Lindenauer Hafen, dem Elster-Saale-Kanal, später zu der alten Salzstraße, und dem Gose-Wanderweg bis Merseburg folgend. Diese Radwandertour führt durch kleine idyllische Ortschaften, über ebenes ruhiges Gelände und ein komfortables Radwegenetz. Schön gestaltete Rastplätze laden zum Verweilen ein. |
| LÄNGE DER TOUR | 39,1 km |
| SCHWIERIGKEITSGRAD | Durch die Kürze ist die Strecke besonders auch für Familien und Senioren geeignet. Der Streckenverkauf ist sehr gut ausgewiesen (Gose-Wanderweg). |

### TOUR-ÜBERBLICK

| | |
|---|---|
| 0,0 | Hauptbahnhof |
| 2,1 | Springbrunnen Clara-Zetkin-Park |
| 4,1 | Erich Zeigner-Allee, Kreuzung Nonnenstraße, rechts zum Radweg am Karl-Heine-Kanal |
| 5,4 | Unterquerung der Engertstraße |
| 7,1 | Abzweig links in das Industriegebiet |
| 7,6 | Unterquerung der Luisenbrücke, links auf Asphaltweg, gleich wieder scharf links, Blick auf den Lindenauer Hafen |
| 8,3 | Ende des Hafenbeckens, Gelände links über Serpentine verlassen, der Lyoner Straße wenige Meter nach rechts folgen, in der Kurve Lyoner Straße queren |
| 8,6 | in Sackgasse einbiegen, Parkplatz der Kleingartenanlage passieren, steil abfallender Weg zum Elster-Saale-Kanal |
| 12,1 | vor Bootshaus „Wiking", Querung der Leisebein-Brücke auf linke Kanalseite |
| 13,8 | an nächster Brücke wieder auf rechte Kanalseite, Birkenwäldchen durchfahren |
| 14,6 | Ende Birkenwäldchen, rechts Böschung hinunter, nach wenigen Metern erreicht man die Verbindungsstraße von Dölzig nach Kleinliebenau, diese nach rechts fahren, in nächster Linkskurve rechts in Feldweg einbiegen |
| 17,4 | ehemalige Domholzschänke, links weiterfahren Richtung Kleinliebenau |

Hayna
Podelwitz
Freiroda
Radefeld
A 14
B 184
Schkeuditz
Leipzig-Ost
Breitenfeld
Leipzig-Mitte
B 6
Papitz
Lützschena-Stahmeln
Wahren
Mocka
Möckern
Eutritzsch
B 6
Burghausen
Gohlis
LEIP
Leutzsch
B 181
Lindenau
Schönau
B 87
Schleußig
Grünau
Plagwitz
B 2
Pleiße
Groß-zschocher
Connewitz
Lößnig
Lausen
Dölitz
Göhrenz
Weiße Elster
Albersdorf
Knautkleeberg
Knauthain
Rehbach
Cospudener

| | |
|---|---|
| 19,0 | Querung der B 186 |
| 20,3 | Gasthof Kleinliebenau, weiter auf abbiegender Hauptstraße, Zusammenlauf von Gose-Wanderweg und alter Salzstraße, Unterquerung der Autobahn Richtung Horburg |
| 22,1 | Abzweig rechts nach Maßlau, in Maßlau links, vor der Kirche rechts in Auenwald, Querung eines breiten Waldweges |
| 23,8 | am Waldausgang auf Kopfsteinpflasterstraße nach links |
| 24,2 | Abzweig Richtung Dölkau, weiter der Ausschilderung Alte Salzstraße folgen, Weg am Zaun entlang, von der Straße abbiegend über Luppe, durch die Luppenaue Richtung Zweimen |
| 25,6 | Zweimen, der Alten Salzstraße weiter folgen, abzweigen rechts hinter Ortsausgang, dann gleich wieder links, übers Feld, am Ort Zöschen vorbei |

28,4 Seenlandschaft Merseburg-Ost (Ostsee)
30,9 Westsee (Wallendorfer See)
31,8 Abzweig links und gleich wieder rechts in Richtung Löpitz
32,7 Abzweig links
33,6 OE Löpitz, weiter auf der Hauptstraße bis OT Lössen
34,5 an Bushaltestelle links, dann weiter geradeaus
34,7 nach Brückenquerung rechts Richtung Landstraße und diese links einbiegen, nach 100 m rechts in Richtung Meuschau
37,4 Kriegerdenkmal Meuschau, geradeaus Richtung Saale, linkerhand führt Fußgänger-/Radwanderbrücke auf andere Straßenseite
38,6 Kirche St. Thomae, Blick auf Merseburger Schloss, rechts dem Saale-Radwanderweg folgen zum Schlosshof
39,1 Schlosshof (800 m bis Bahnhof)

# Zwischen Chemie und Mittelalter – auf dem Weg nach Merseburg

ANDREAS BOOS

Denkmal König Heinrichs I. an der Stadtmauer

Warum Merseburg nicht ganz oben auf der touristischen Agenda der Leipziger steht, hängt wohl einzig mit dem zu DDR-Zeiten etwas angekratzten Image der Domstadt als Zentrum der riesigen Industriekomplexe um Leuna und Buna einschließlich der dort permanent vorherrschenden Industrienebel zusammen. Letzterer ist jedoch mit der Modernisierung der Werke in den letzten Jahren verflogen. Der Blick ist wieder frei auf die weit über 1 000-jährige Stadt und ihre Kostbarkeiten! Immerhin verdankt Leipzig seine Existenz der Königspfalz bzw. dem Bischofssitz Merseburg. Von dort dehnte König Heinrich I. den deutschen Herrschaftsbereich bis an die Elbe aus. Die alte nach Osten führende Fernstraße, die Via Regia, wurde zur wichtigsten Verkehrsader für den Nachschub. Um sie an strategisch wichtigen Stellen zu schützen, errichtete man militärische Stützpunkte. Aus einem von diesen wurde die erstmals 1015 erwähnte „urbs Libzi", die Stadt Leipzig. Also zurück zu den Ursprüngen! Auf historischen Pfaden durch jahrhundertealtes Grenzland, Auen und Tagebaufolgelandschaften nach Merseburg.

Straßenbahn 8, 15 bis Miltitz
Regionalexpress und Intercity Leipzig–Halle–Merseburg

Eckhardt-Fahrradstation am Hauptbahnhof Leipzig
Parkhaus West
(0341) 9 61 72 74

Vom Hauptbahnhof kommend windet sich die Tour auf Nebenstraßen vorbei am turbulenten Cityverkehr zur Ruhe des Clara-Zetkin-Parks. Über Sachsenbrücke, Anton-Bruckner-Allee und Könneritzbrücke geht es links in die Nonnenstraße.

S. 194/195 Blick über die Saale auf Dom und Schloss Merseburg

Im Umfeld der größten denkmalgeschützten gründerzeitlichen Fabrikanlage Deutschlands, den Buntgarnwerken, entstand hier im ältesten industriellen Kern von **Plagwitz** ein neues lebendiges Zentrum. Den Einstieg in den Radweg am Karl-Heine-Kanal finden die Radler allerdings vorerst noch in der nahe gelegenen Erich-Zeigner-Allee, die über die Industriestraße erreicht werden kann. Mit ein paar Sonnenstrahlen im Gepäck ist auf der Strecke am Kanal vollkommen zu vergessen, dass das Gebiet inmitten einer Großstadt liegt. Stille herrscht hier unten, nur ganz von fern ist gedämpfter Verkehrslärm zu hören, dafür fröhliches Kinderlachen da einige interessante Spielplätze am Wege liegen.

Radweg entlang des Karl-Heine-Kanals

Der Ausbau des Kanals war 1990 vom Umwelt- und Sportdezernenten Jörg Hannes gleich zu Beginn seiner Amtszeit in die Wege geleitet und von der damaligen Bundesumweltministerin Angela Merkel 1996 feierlich der Öffentlichkeit übergeben worden. Vor der Gießerbrücke ist ein interessanter Wasserspielplatz entstanden: Eine archimedische Schraube fördert immer noch das Wasser nach oben. Auch als Erwachsener kann man hier spielend das vor Jahr(zehnt)en im Physikunterricht doch meist recht trocken erlernte Wissen plätschernd und schwitzend nachprüfen.

Archimedische Schraube am Karl-Heine-Kanal

In einem der älteren Generation gut bekannten Lied heißt es hier aktuell angepasst: „Unter sieben Brücken musst du durch." Die meisten der Brücken erstrahlen wieder in alter Schönheit. Kunstvoll geschwungene Bögen überspannen den Weg und unterteilen den Kanal in kleine Abschnitte, wovon jeder seine ganz eigene Stimmung hat.

Auf der linken Seite taucht ein Backsteingebäude auf, das noch aus den Zeiten der Gründungsphase von Plagwitz stammt. Es ist das Mörtelwerk, das während eines boomenden, ja explodierenden Wachstums benötigt wurde. 1891 wurde der Komplex von der Leipziger Westend-Baugesellschaft mit

Café „Am Kanal 28"
Leipzig
Tel.: (0341)-49 72 430

Gleisanschluss zur Herstellung der gangbaren Mörtelsorten für das Leipziger Baugewerbe errichtet. Unweit des Werkes konnte der dafür notwendige Kies abgebaut werden. Heute wird das Haus als offener Jugendtreff „Kanal 28" mit Café und Bootsverleih genutzt. Angesiedelt sind hier Projekte für schwer vermittelbare arbeitslose Jugendliche. Ein kühles „Radler" lockt im schönen Freisitz.

Hier erreicht der Weg die Randgebiete der Stadt. Kurz vor der Luisenbrücke endet der Kanal. Jetzt ist etwas linkerhand zu fahren bis wieder ein asphaltierter Weg kommt, der zum Hafen weiterführt. Der Luisenbrücke sollte man nicht so schnell den Rücken kehren, denn an der Seite gibt es einen sehr tief liegenden, gemauerten Bogen, den „Goetzbogen", zu sehen. Dazu erzählt man sich eine an Till Eulenspiegel erinnernde Geschichte: Der Leipziger Stadtrat hatte eines Tages dem Baurat Goetz den Transport des Sandes zum Mörtelwerk unter der Brücke untersagt. Der Baurat ließ also in den Pfeiler der Brücke einen Durchgang für die Loren der Sandbahn brechen, da ja nur der Transport unter der Brücke nicht zulässig war. Ob der Posse lenkte der Stadtrat später ein. Nur noch der sauber verschlossene Durchbruch erinnert an das Ereignis.

Nicht mehr realisierter Teil des Karl-Heine-Kanals und Luisenbrücke

Speichergebäude am Lindenauer Hafen

Nach wenigen Hundert Metern erscheint der Lindenauer Hafen, der nie von einem Schiff angelaufen wurde. Trotz des Schilfs ist das Hafenbecken gut zu erkennen. Hinter der Kaimauer stehen alte Speicherbauten, die zum Teil heute noch genutzt werden. Hier war zu DDR-Zeiten zeitweise die erste und einzige Ölmühle der Leipziger Gegend untergebracht. Später wurden technische Öle raffiniert. Dabei kam es 1964 zu einer Explosion, die den noch sichtbaren Schaden an einem der Speicher verursachte. An einer Stelle liegen noch Ölbarrieren im Hafenbecken. Hier wird mit modernen Mitteln eine Entseuchung von Wasser und Boden vorgenommen. Wir verlassen das Hafengelände über die Serpentine. Ob hier 2012 ein olympisches Dorf den alten Hafen doch noch zu neuem Leben erwecken wird?

Der Weg folgt nun auf einstigen Treidelpfaden dem Elster-Saale-Kanal. Bis 1942 wurde an der bisher unvollendeten Verbindung zur Saale gebaut. Mit einer Wassertiefe von 3,50 m sollten 1 000 t-Schiffe passieren können. Mehrere imposante Brücken müssen unterquert werden. Die Merseburger Straßenbrücke von 1937, damals eine der größten ihrer Art, quert den Kanal auf 74 m Länge und weist als Besonderheit einen Höhenunterschied zwischen den Brückenlagern von 1,50 m auf. Es folgt **Burghausen**. Nach der Brücke liegt rechts das Sport-

Detail einer Brücke über den Elster-Saale-Kanal

Rudertraining auf dem Elster-Saale-Kanal

zentrum „Wiking“. Dort bitte den Weg verlassen und über die gerade unterquerte Brücke (R.-Leisebein-Brücke) auf die andere Kanalseite wechseln. Hier empfiehlt sich unbedingt ein Abstecher zum **Bienitz**, bevor die Tour auf dieser Kanalseite fortgesetzt wird. Der Bienitz ist eine Sand-Kies-Ablagerung aus der Saaleeiszeit inmitten des früheren Urstromtales. Da sich der Hügel (129,8 m) weithin sichtbar über das allgemeine Niveau erhebt, erfolgte bereits zur Jungsteinzeit eine Besiedlung. Steinerne Zeugen der Begräbniskultur finden sich an mehreren Stellen auf dem Berge. Durch den Heimatver-

Hügelgrab und bronzezeitlicher Gefäßfund auf dem Bienitz

ein bereits in den 1920er Jahren freigelegt und nachfolgend durch archäologische Grabungen auf den Inhalt geprüft, wissen wir einiges von der damaligen Kultur. Viele dieser Zeugen bewahrt das Leipziger Naturkundemuseum.

Auf der Bienitzseite geht die Tour weiter entlang des Elster-Saale-Kanals. Beim Bau dieser Wasserstraße hat man eine 90 m breite Schneise durch den Bienitz geschlagen. Damit verschwanden die hier natürlich vorhandenen Nadelgehölze fast vollständig, der Grundwasserstand sank und die Quellen an der Nordseite des Bienitz versiegten. Andererseits fiel durch das Abtragen des Berges genügend Material für die später folgenden Dammbauten an. Der Wald lichtet sich und auf einmal führt der Kanal über Land. Am Rande des Waldes stehen zwei Turmbauwerke links und rechts des Kanals. Das zwischen ihnen liegende, 1937 fertig gestellte Sperrtor wurde 1952 verschrottet. Bei Bruch der Dämme sollte es den Kanal Richtung Leipzig absperren, um das Abfließen des Wassers zu verhindern. Das folgende Überlaufbauwerk sollte das Wasser des hoch gelegenen, 6,7 km langen Kanalbereichs in den unter dem Kanal durchfließenden Zschampert ableiten. Nach der nächsten Brücke wird der Weg auf der anderen Kanalseite benutzt. Vor dem Ende der Aufschüttung zweigt ein Weg der sehr abschüssig auf das normale Umgebungsniveau herunterführt, nach rechts ab. Hier ist bei feuchtem Untergrund Vorsicht geboten! An der nächsten Querstraße ist eine einzigartige Kreuzung zu bewundern: Der Elster-Saale-Kanal überquert in 14 m Höhe die Straße von Dölzig nach Kleinliebenau. Unter der Straße fließt wiederum die Rietzschke durch. Nach rechts wird dem Weg gefolgt, der bald die stillgelegte Bahnstrecke Leipzig–Merseburg quert. Wenn die Straße scharf nach links abbiegt, wird der (ausgewiesene) Radweg nach rechts weiterbefahren, der uns durch Felder vorbeiführt an vielgestaltigen Feldgehölzen, die im Frühjahr einen

Reste des Absperrtors und Kanaltunnel bei Dölzig

herrlich blühenden Windschutz darstellen, aus dem viele Vögel ihren Gesang erklingen lassen. Auf einer sehr schmalen Strecke taucht der Weg in den Auwald ein und erreicht nach wenigen Hundert Metern die **Domholzschänke**. Das seit Januar 2003 durch einen Brand vernichtete Ausflugsziel war 1928 errichtet worden. Ganz in der Nähe gab es das Domhäuschen, das für Merseburger Domherren, Kurfürsten und Sachsens Könige eine Raststätte bei Jagdausflügen darstellte.

An der ehemaligen Domholzschänke

Gasthof Kleinliebenau
Gutshofstraße 7
(034205)-8 58 54

Historischer Weinkeller
Wallendorf,
Am Kellerberg 2
Tel.: (034639)-2 02 33

Weiler geht es linkerhand Richtung **Kleinliebenau**. Der Weg folgt wenige hundert Meter der B 183. Im Ort führt der Weg an der Gosenschänke vorbei. Die Tour läuft hier mit dem Gose-Wanderweg bzw. der Alten Salzstraße zusammen. Neben dem Gasthaus in Kleinliebenau wird noch in den an der Strecke liegenden Gaststätten in Wallendorf, im Rittergut in Löpitz und in Ritters Weinstuben in Merseburg Gose ausgeschenkt. Die Gose ist eine Leipziger Spezialität. Es ist ein obergäriges Bier, ähnlich der Berliner Weißen, dessen Rezept in den 1970er Jahren bereits als verschollen galt. Seit 1991 wird wieder Gose an verschiedenen Orten gebraut.

Der nach dem Ort folgende See, entstanden beim Autobahnbau in den 1930er Jahren, ist von Dauercampern recht dicht belegt. Unter der Autobahn hindurch wird am nächsten Abzweig der Weg nach **Maßlau** genommen, einem verschlafenen Auendorf, das erst nach der Wende durch viele Neubau-

Werbung für Döllnitzer Gose

Landstraße nach Horburg

ten stattlich anwuchs. Vor dem Ortseingang an der Luppenbrücke sind possierliche und relativ zutrauliche Tiere zu beobachten. Es sind aus einer Pelzfarm ausgewilderte Nutrias oder Sumpfbiber, die sich hier ganzjährig angesiedelt haben. Diese Art lässt sich am runden Schwanz erkennen, beim Biber ist dieser wie bei den meisten Wassertieren flach. Mit viel Futter und etwas Geschick fressen die Tiere, die sich hauptsächlich pflanzlich ernähren, direkt aus der Hand.

Campingplatz Autobahnsee Kleinliebenau
Tel.: (034205)-8 32 96

Die Tour wird auf dem vor der Luppenbrücke linkerhand beginnenden, neu angelegten Radweg fortgesetzt. Über die Wiesen ist **Horburg** zu sehen. Schon im frühen Mittelalter wird hier am wichtigen Luppenübergang eine slawische Burg ver-

Wundertätige Marienskulptur und romanisches Fenster der Horburger Kirche

Auch Pilger nutzten einst und heute wieder diese

mutet, ehe Bischof Ekkehard von Merseburg dort ein „castrum“ errichten ließ. Später entstand hier ein wichtiger Gerichts- und Wallfahrtsort. Verehrung fand eine wundertätige Marienskulptur. Im 16. Jahrhundert zerschlagen, landete sie als Baumaterial in der Altarmensa, wurde dort 1930 aufgefunden und restauriert. Seither wartet man auf neue von ihr ausgehende Wunder. Die Natur hält solche in den nach Horburg folgenden Resten der Luppenaue garantiert bereit. Gegenüber der Einfahrt zum Diakonieheim (1853 als „Samariter-Herberge“ für beschulungsunfähige Kinder gegründet) biegt der Weg, der nach rechts gefahren wird in den Auwald ab. Nach kurzer Fahrt ist ein breiterer Waldweg zu queren. Über eine Wiese kommt man auf eine der alten unverwüstlichen Kopfsteinpflasterstraßen. Sie ist auf dem Randstreifen bis zum nächsten Abzweig nach rechts (ausgeschildert mit „Salzstraße nach Dölkau“) ganz gut zu überstehen.

Schloss und Rittergut Dölkau

In **Dölkau** folgt der Weg einfach der weiteren Ausschilderung „Salzstraße“. Das alte Rittergutsdorf, vermutlich als

Zufahrt nach Zöschen

„Telka“ schon in Bischof Thietmars Chronik erwähnt, erfuhr mit den Einzug der Grafen von Hohenthal ab 1749 bemerkenswerte architektonische Veränderungen. Das noch erhaltene alte Schloss von 1751 in barockem Stil und das im besten klassizistischen Stil 1803 erbaute neue Schloss, das seine Hauptfront einem in die freie Landschaft der Luppenaue übergehenden Park zuwendet, sind Zeugnisse dafür. Nur im Frühjahr, wenn die Bäume noch nicht belaubt sind, lässt sich die herrliche Gartenfassade gut anschauen. Wer bis hierher ohne Pause durchgehalten hat, sollte unter der hohen Platane die schattige Sitzgelegenheit zum Ausruhen nutzen.

Über eine wenig Vertrauen erweckende Brücke, desolat wie alle weiteren Luppenbrücken auch, führt der Weg nach links durch die Luppenaue, mal über eine Wiese, mal durch ein Wäldchen, bis vor uns ganz malerisch **Zweimen** auftaucht. Kopfweiden säumen den Weg, hinter den Bäumen am Luppenrand grüßt der Kirchturm und wenn man näher kommt, galoppieren oftmals die auf der Koppel weidenden Pferde dem Ankommenden neugierig entgegen.

Hinter Zweimen geht es erst rechts und an der nächsten Kreuzung wieder links weiter entsprechend der Ausschilderung

Dorfkirche in Zöschen

Raßnitzer See, auch „Ostsee“ genannt

„Zum Rittergut“
Löptitz
(03461)-20 08 81

Orientierungspause bei Zweimen

von Gose-Wanderweg oder Salzstraße. Nächster Ort an der Luppe ist Zöschen. Ein kleiner Abstecher sollte zur schmuck restaurierten Kirche führen. Erbaut in den Jahren 1754–1757 zeigt sie sich außen als einheitlich spätbarocke Gestaltung. Die ungewöhnliche äußere Form ergab sich durch die Einbeziehung eines mittelalterlichen Turmes.

Zurückgekehrt zum Gosewanderweg taucht jetzt rechterhand der erste Ausläufer der Seenlandschaft Merseburg-Ost auf. Hier wurde bis 1991 Kohle abgebaut, die durch den hohen Salzgehalt aber minderwertig war und den frühzeitigen Verschleiß der Heizkesselanlagen verursachte. Nur durch einen schmalen Streifen Land getrennt folgt auf den Raßnitzer See der Wallendorfer See. Weiter geht es am Rande des Sees bis zum Abzweig **Löptitz**. Der Weg führt über die noch genutzte eingleisige Bahnstrecke Halle–Leuna. Im Dorf lädt die Gaststätte „Zum Rittergut“ Durstige und Hungrige ein. 1999 neu eröffnet, wird an einigen Stellen noch restauriert, aber der Aufenthalt im Biergarten unter herrlichen Bäumen ist bei sommerlichen Wetter sehr verlockend. Durch den Ort folgt der Weg der Straße bis zum nächsten Ortsteil **Lössen**, wo nach links abgebogen werden muss. Blickfang sind zwei alte ehemalige Scheunen, die von Künstlern stilgerecht restauriert wurden. Wer auf keinen Fall etwas Getöpfertes zum Leben braucht, kann sich dort wenigstens ein Eis leisten.

Weiter auf der Landstraße, erst nach links, an der nächsten Kreuzung rechts, kann dann auf einer für den Durchgangsverkehr gesperrten Straße Richtung **Meuschau** gerollt werden. Der Ort wird gerade durchfahren, über den alten Dorfplatz mit Kriegerdenkmal, an der Kirche vorbei, zur Saale hinunter. Linkerhand führt eine Fußgänger-/Radfahrerbrücke zum anderen Ufer nach **Merseburg**. So wird bald die Neumarktkirche St. Thomae erreicht. 1188 erlaubte Kaiser Friedrich Barbarossa dem Bischof Eberhard bei der kurz zuvor erbauten Kirche einen zweiten Markt zu errichten. Um ihn herum entstand dann die Vorstadt Neumarkt.

Töpferei in Lössen

Neumarktkirche
St. Thomae
Tel.: (03461)-21 41 70

Brücke zum Neumarkt
in Merseburg

Romanisches Portal der Kirche St. Thomae und Blick in den Kreuzgang des Domes (rechts)

Kulturhistorisches Museum im Schloss Merseburg
Domplatz 9
Tel.: (03461)-40 13 18

Dom zu Merseburg
Domplatz 7

Im Schlosshof

Hinter der Saale ist schon das den Berg beherrschende Merseburger Schloss zu erkennen. Nach rechts kann dem Saale-Radweg gefolgt werden, um auf den Schlossberg zu gelangen. Seit der Jungsteinzeit befanden sich dort befestigte Anlagen. Hatheburg, Tochter eines jener frühen Burgherren, wurde vom späteren König Heinrich I. geheiratet. Die Burg war schon in dieser Zeit Königspfalz. In ihrem Schutz wird 968 der Ort außerdem Bischofssitz. Zu den berühmten Bischöfen der Anfangszeit zählt u. a. Thietmar, dessen Chroniken zu den bedeutendsten Geschichtswerken des Mittelalters gehören. Unter ihm begann auch der Bau des Doms, der 1021 und endgültig 1042 geweiht werden konnte. Zwischen 1502 und 1517 wurde das Langhaus durch einen Hallenbau ersetzt. Im Chor befindet sich noch die bronzene Grabplatte des Gegenkönigs Rudolf von Schwaben. Bischof Thilo von Trotha ließ etwa zeitgleich mit dem Umbau des Doms nebenan ein bischöfliches Schloss bauen, aus dem das noch vorhandene hervorging. Im Schlosshof wird endlich ein mutiger Mensch für die Befreiung des Merseburger Raben gesucht, der für die menschlichen Irrtümer leiden muss. Das Elend, das bei Dornröschen gerade mal hundert Jahre währte, scheint für das wehrlose Tier auf ewig ersonnen zu sein. Vom Bischof Thilo von Trotha ist „unter den gemeinen Mann eine gemeine Rede gewesen, als wenn er einsmahls seinen Cammerdiener darumb, daß er ihm seinen Pitzschier-Ring entführet haben solle, hinrichten laßen, welches sich aber nach etlichen Jahren anders befunden, indem ein Schiefer Decker solchen Ring in eines Raben Nest auf dem Thurm innen an der Dom Kirchen gefunden, weswegen solcher Bischoff hernachmahls solche That an seinen Diener soll sehr bedauret, und zum steten Andencke einen Raben mit einen Ring in Schnabel in seinen Wappen geführet haben".

„Rabenkäfig" am Dom

Wirtshaus und Pension
„Alt Merseburg"
Gutenbergstraße 23
Tel.: (03461)-23 18 92

Fahrradverleih über „Neue Wege Miteinander" e. V.
Luppenau, Am Schloß 34
Tel.: (03461)-41 54 85

Im Schlossgarten

Natürlich lädt auch die dem Schloss zu Füßen liegende Altstadt zum Bummeln ein. Es lohnt sich! Neben weiteren Spuren frühester Geschichte finden sich auch solche aus dem 19. Jahrhundert, als Merseburg preußische Beamtenstadt war (Sitz des Provinziallandtages der preußischen Provinz Sachsen), oder von den schweren Zerstörungen des zweiten Weltkrieges und den im Ergebnis leider nicht immer überzeugenden, 1960 einsetzenden Versuchen der Altstadtsanierung.
Für die Heimreise ist der ausgeschilderte Saale-Radwanderweg bis Bad Dürrenberg zu nutzen. Mit der Regionalbahn ist in ca. 30 Minuten der Leipziger Hauptbahnhof zu erreichen.

Historisches Detail in der Altstadt

GUINNESS

# „So nah und doch so fern“ – von Leipzig nach Halle

## „So nah und doch so fern“ – von Leipzig nach Halle

# TOUR 12

### HINWEISE FÜR RADLER

**TOUR-EMPFEHLUNG** Ab Leipzig Hauptbahnhof, über Auensee entlang der Luppe nach Schkeuditz, dann der Weißen Elster folgend über die Dörfer Ermlitz-Oberthau, Raßnitz, Lochau und Döllnitz sowie die Regensburger Straße bis zur Mündung der Elster nach Halle-Ammendorf.

**LÄNGE DER TOUR** 39,5 km

**SCHWIERIGKEITSGRAD** Die Tour verläuft fast ausschließlich auf gut befahrbaren Wegen entlang der Luppe oder der Weißen Elster sowie durch die landschaftlich reizvollen Auenwälder von Leipzig und Halle. Jedoch müssen auch drei verkehrsreiche Straßen passiert werden und die letzten Kilometer führen über die viel befahrene Regensburger Straße, deshalb nur bedingt als Familienausflug und für Senioren geeignet. Die Ausschilderung erfolgt nicht durchgängig.

## TOUR-ÜBERBLICK

0,0 Hauptbahnhof, über Emil-Fuchs-Straße, Zöllnerweg in Leutzscher Allee

3,3 vor Landauer Brücke rechts in Radweg einbiegen, entlang des Elsterflutbeckens, queren der Wasseranlage Weiße-Elster-Luppe-Regulierung

4,2 Heuweg queren, Bahnstrecke unterqueren, geradeaus

6,5 am Auensee geradeaus, Gustav-Esche-Straße queren, später den Gundorf-Hänicher Weg queren, Richtung Schkeuditz

10,5 nächste Brücke queren, rechts ab, an linkem Luppeufer entlang

14,8 B 186 rechts einbiegen, über die Brücke, nach ca. 100 m links in den Waldweg Richtung Wehlitz, erste Waldkreuzung halbrechts, Plattenweg, nächste Gabelung links, kleiner Waldweg, zweite Waldkreuzung links abbiegen, breiter Waldweg, dritte Waldkreuzung rechts, Äußerer Grüner Ring, an Lichtung vorbei bis

18,2 Wehlitzer Brücke, nach der Brücke schräg links auf Wiesenweg, nächste Gabelung links, zwischen Baumgruppe hindurch, über die Koppel, rechts Badeweg hochfahren, danach links auf die Ermlitzer Straße

19,2 unter der Autobahn hindurch, ca. 0,5 km weiter links nach Rübsen, im Dorf rechts halten, geradeaus weiter auf breitem Feldweg, erste Wegkreuzung links

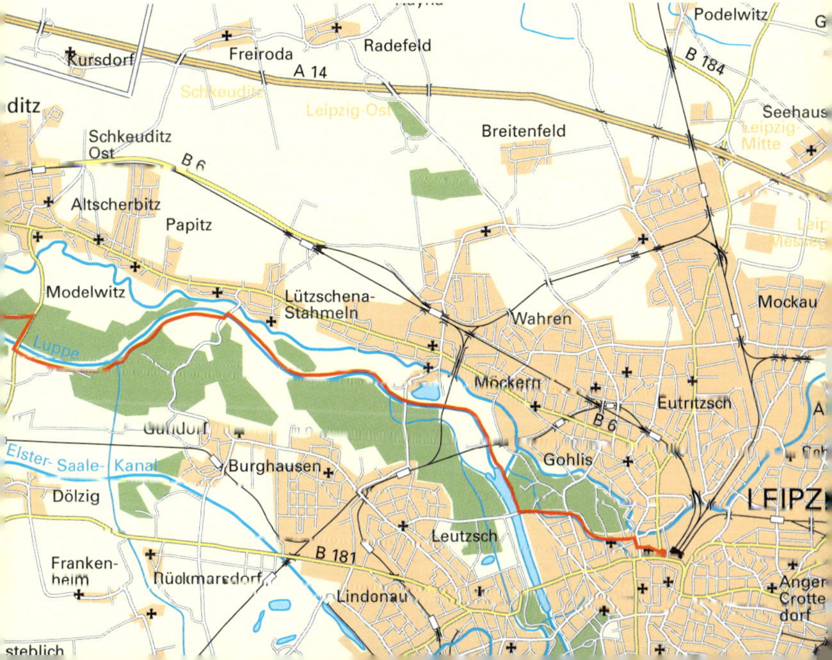

Untermaschwitz
Tornau
Lettin
Braschwitz
Mötzlich
B 100
Dölau
Halle(Saale)/
Peißen
Trotha
Rabatz
DÖLAUER
HEIDE
Krollwitz
Peißen
B100 E49
Zwebe
Diemitz
HALLE
Sagisdorf
Reideburg
Neu-
stadt
Büschdorf
Schönnewitz
Hufeisen
See
Dölbau
Stennewitz
Kanena
Kleinkuge
SAALE
Zwintschöna
B 6
Bruckdorf
Dieskau
Beesen
Ammendorf
Hohenweiden
Osendorf
Tagebau
Delitz
am
Berge
B 91
Döllnitz
Korbetha
Lochau
Schkopau
Raßnitz
Dörstewitz
Laucha
SAALE
Wallendorfer
See
Bündorf
Knapendorf
Meuschau
MERSEBURG
B 181
Friedensd
Geusa
Atzendorf
Ockendorf
Kreypau

21,5 am Wohnwagencampingplatz vorbei, Sportplatz, links Mann-skulptur passieren, leicht bergauf, links auf Ammendorfer Straße Richtung Ermlitz-Oberthau

22,3 in Oberthau vor dem Gasthof links, am Ende der Straße über die Brücke der Weißen Elster, breiter Waldweg, Richtung Raßnitz

25,1 erste Gabelung rechts, zweite Gabelung links, breiter Weg, dritte Kreuzung geradeaus, leicht links, vierte Kreuzung links

25,8 linkerhand See sichtbar, weiter bis Aussichtsturm

26,3 vom Aussichtsturm weiter geradeaus, am Ende des Sees schräg rechts, hier zweiter See sichtbar

31,0 nächsten kleinen Weg rechts, vor dem Elsterdamm wieder links bis Wegende

32,1 rechts auf Landstraße Richtung Lochau, Weiße Elster überqueren, nach der Brücke links auf den Elster-Damm, kleiner Pfad, Bahnbrücke unterqueren

33,8 bis zum Wehr, dort rechts, Richtung Döllnitz, breiter Feldweg, Kleingartensiedlung, links Straße zur neuen Siedlung, geradeaus auf Rudolf-Breitscheid-Steg, rechts Vogelsangstraße, dann leicht links halten

34,8 über Ernst-Thälmann-Platz, am Platz der Einheit links in die Elsterstraße bis Ende, rechts in die Ledermannnstraße, rechts auf Hallesche Straße, links in die Berliner Straße, nächste Kreuzung links auf die Regensburger Straße, Richtung

39,5 Halle-Ammendorf, weiter entlang des Saale-Radwanderweges bis Moritzburg/Zentrum

Straßenmusiker in Halle

# „So nah und doch so fern“ – von Leipzig nach Halle

RAMONA KLINGER

Im Park Lützschena

Straßenbahn 11 bis Endstelle Schkeuditz
Zug Halle–Ammendorf, Halle–Leipzig

Abb. S. 214/215: In der Kleinen Ullrichstraße in Halle

Wenn einer behauptet, zwischen Leipzig und Halle/S. liegen Welten, dann stimmt das nur bedingt, denn zwischen beiden Städten liegt auch die Idylle der Elster-Luppe-Landschaft, mit der Pracht der einzigartigen Auenwälder. Nicht nur die Verschiedenheit der Städte weckt Neugier, sondern auch das, was beide miteinander verbindet. Der Weg führt heraus aus dem lebendigen geschäftigen Leipzig in Richtung Nordwest, an den Ufern der Luppe und Weißen Elster entlang, es eröffnet sich die Natur der Auenlandschaft und am Ende wird das kulturelle Kleinod Halle/S. erreicht. Beginnt der Tag mit dem Tumult der Vorbereitung, wird dieser durch die ruhige und entspannende Fahrt belohnt und ausklingen lässt man mit einem Besuch auf einer der halleschen Kulturinseln.

Ausgangspunkt der Tour ist der vom Hauptbahnhof bequem zu erreichende Waldplatz. Dieser wird auch als Nadelöhr bezeichnet, denn hier trifft sich nicht nur der Durchgangsverkehr nach Süden und Westen, sondern auch sechs Linien des ÖPVN. Die kleine Bauminsel mit ihren Holzbänken wirken da eher als „SOS-Rufe im Auge des Hurrikans“. Vom Waldplatz aus geht es die Friedrich-Ebert-Straße entlang, vorbei am sportlichen Zentrum von Leipzig, der Arena und dem Zentralstadion. Vor ca. 50 Jahren hieß dieses Gebiet noch Frankfurter Wiesen. Als ein Teil der Auen war es durch die jährlichen

Überschwemmungen nicht bebaubar und somit dem Sport- und Freizeitleben vorbehalten. Am Ende der Friedrich-Ebert-Straße geht es rechts ins Revier „Niederholz".

Hier beginnt die Tour durch die Elster-Luppe-Landschaft mit ihren einzigartigen Auenwäldern. Weiter geht es am Elsterbecken entlang bis zur Elster-Luppe-Regulierung. Kurz vor dem Damm befindet sich ein kleiner Aussichtspunkt. Von dort lässt sich erahnen, welche Wassermassen durch Leipzig fließen. Denn vor dem Elsterbecken treffen die Flüsse Pleiße und Weiße Elster zusammen, um sich hinter dem Becken wieder in Luppe, Nahle und Weiße Elster zu teilen. Seit den 1850er Jahren bemüht sich die Stadt, ihre Flüsse zu regulieren. Ein Ende ist nicht absehbar. Während die Tour den Heuweg quert und am rechten Ufer der Luppe weiter bis zum Auensee führt, lässt sich folgendes zur Luppe erzählen. Aufgrund von Beobachtungen gaben dieMenschenden Flüssen Namen, so wurde die Luppe auch als die Rauschende, die Elster als die Eilende oder die Nahle als das Lachenwasser bezeichnet. Die Bezeichnungen sind – gemessen am Fließverhalten der Flüsse – noch heute gültig. Die Luppe mit all ihren Nebenarmen war die Lebensader der nördwestlichen Aue. Als sie zum

Lindenallee am Sportforum Leipzig

Luppewehr am Heuweg

„Rasenmäher“ an der Neuen Luppe

Schutz vor Hochwasser 1938 kanalisiert wurde, entstand die Neue Luppe und es verschwand ein verzweigtes Flussnetz. Das neue Flussbett wurde dabei so tief angelegt, dass kaum Wasser über die Uferbereiche gelangte. Die Folge dessen war, dass der gesamten nordwestlichen Aue das Wasser entzogen wurde und somit ein schleichendes Sterben der wassergebundenen Tier- und Pflanzenwelt einsetzte. Ebenso wirkten die angrenzenden Tagebaue bzw. Braunkohleabbaugebiete auf den Wald- und Wiesenbestand und die Tierwelt ein. Beispielsweise wurde die Rotbauchunke 1950/55 noch auf 5 000 bis 6 000 Exemplare zwischen Zwenkau und Schkeuditz geschätzt, 1991 hingegen waren es nur zehn Tiere. Ebenso sind auch 15 heimische Fischarten verschwunden. 1994 wurden erste Projektskizzen zur Wiedervernässung der nordwestlichen Aue entworfen und durch Unterstützung von verschiedenen Naturschutzverbänden und vom Land Sachsen werden diese nach und nach umgesetzt. Ein Beispiel ist der Burgauenbach. Vom Elsterbecken fließt nun Wasser kontinuierlich über das Revier „Wilder Mann“, durch die Burgaue bis zur Waldspitze Böhlitz-Ehrenberg. Mit der Zeit soll dort wieder

Neue Luppe

der Artenreichtum der Aue entstehen. Die Auen brauchen regelmäßige Überschwemmungen, denn nur dadurch ist die Vielfalt der Tiere und Pflanzen gewährleistet.

Am **Auensee** angekommen, bietet sich ein wunderschönes Ambiente. Der künstlich entstandene See war einst eine Kiesgrube und lieferte Material zum Bau des Leipziger Hauptbahnhofes. 1913 wurde am Auensee ein Vergnügungspark mit Gebirgsbahn, Strandbad, Kindereisenbahn sowie 12 verschiedensten Lokalen eingerichtet. Die Gebirgsbahn wurde später auf dem Messeplatz in Leipzig aufgebaut, nach Beschädigungen im Krieg wurde sie abgebrochen. Die Zeit vom „Luna-Park" mit seinen vielen Lokalen ist zwar vorbei, dennoch ist der Auensee ein beliebtes Ausflugsziel der Leipziger geblieben. Die Parkeisenbahn lädt zur Fahrt ein, aber auch Joggingfreunde können von dem aufgeführten und ausgeschilderten Trainingsplan profitieren. Nach Querung der viel befahrenen Gustav-Esche-Straße führt der Weg immer noch am rechten Ufer der Luppe entlang. Hier bietet sich ein traumhafter Blick in die Ferne der Luppenlandschaft und des Reviers „Der Po-

Markierung der Laufstrecke am Auensee

Campingplatz Auensee
Gustav-Esche-Straße 8
Tel.: (0341)-4 65 16 00

Parkeisenbahn Auensee
Gustav-Esche-Straße 8
Tel.: (0341)-4 61 11 51

Brücke vom einstigen „Luna-Express" am Auensee

Freitreppe am Schloss Lützschena

Auwaldstation
Schlosspark Lützschena
Tel.: (0341)-4 62 72 38

An der Weißen Elster in Lützschena

lenz". Es lohnt sich ein kleiner Abstecher in den Schlosspark **Lützschena.** Er kann an der ersten Beschilderung „Auenstation Schlosspark" beginnen, einmal hindurchführen und am anderen Ende wieder auf die Tour einbiegen. Der Park ist ein Kleinod der Kompositionen des Freiherrn Maximilian Speck von Sternburg, es werden die Flußmäander und Inseln in die betonte Gestaltung einbezogen. Weiter am rechten Ufer der Luppe entlang, geht es in Richtung Quasnitz. Bevor die Reviere „Herrnholz" und „Domwiese" passiert werden, ist ein zweiter Abstecher ins „Spielzeug Museum zum Herrnholz" wirklich lohnend. In liebevoller Kleinarbeit hat Herr Winfried Gaudlitz ein Museum zusammengestellt, dass auf seiner 30-jährigen Sammelleidenschaft beruht. Für kleine und große Kinder bietet dieses Museum Raum für Phantasien und Träumereien. Die Tour hingegen führt weiter an der Luppe entlang Richtung Schkeuditz. Die nächste Brücke wird überquert, um am linken Ufer der Luppe weiterzufahren. Neben den vielen Möglichkeiten, an den Ufern der Luppe zu rasten, lädt „Schlobachs Hof" zu einer größeren Pause ein. Hier können sowohl

Pferdepension Schlobachs Hof

Pferde als auch ihre Reiter bewundert werden. Am linken Ufer der Luppe entlang wird erst das Revier „Domholz“ passiert und dann das Revier „Pfarrholz“. Bei der nächsten Straßenüberquerung ist Achtung geboten. Nach Querung der B 186 führt der Weg auf der anderen Flussseite links in den Waldweg Richtung Wehlitz. Dieser kurze Stress wird dann schnell im bezaubernden Auenwald wieder abgebaut. Langsam fahren und die Aue genießen sollte oberstes Gebot sein. Nicht nur, dass die verschiedenen Gesänge von Amsel, Drossel, Nachtigallen oder auch Spechten auf einen einwirken, auch die Duftvielfalt ist betörend für die Sinne. Unter dem Blätterdach von Stieleichen, Eschen, Feldulmen oder auch Bergahornen bieten sich die ganze Pracht des Auenwaldes dar. Vor allem im Frühling durchzieht hier die Farbenvielfalt von Windröschen, Märzenbechern, weißen Glockenblumen, die gelben Blütensterne des Waldgoldsterns, die erst roten, dann blauen Blüten des Lungenkrautes den Wald. Aber auch der typische Knoblauchgeruch von Bärlauch erweckt die Sinne. Im Sommer hingegen ist der Auenwald fast blumenleer, hohe Stauden und Gräser, wie Zaungiersch, Brennessel, Waldziest, Hexenkraut, Blutampfer oder Waldflattergras, Waldzwenke, Wasserfenchel,

„Schlobachs Hof“
Lützschenaer Straße 200
Tel.: (0341)-4 53 38 36

Frühlingsblüher im Auwald

Storchenpaar

Wasser-Sumpfkresse, Froschbiss schmücken den Auenboden. Im Herbst lädt die Ruhe und der Blätterregen in den Auenwald ein. Mit dieser sinnlichen Vielfalt führt die Tour geradeaus, durch die Reviere „Die Fuchslöcher“ und „Die Sterne“. Zur Orientierung kann man sich an die Markierungen des „Äußeren Rings“ halten. Spätestens an der Lichtung scheint die Sonne wieder direkt ins Gesicht. Kurz darauf wird rechts auf die Wehlitzer Brücke von Schkeuditz eingebogen. An diesem Punkt werden die Ufer der Luppe verlassen und die Tour führt nun an den Ufern der Weißen Elster entlang. Nach der Brücke geht es schräg links auf einem kleinen Wiesenpfad weiter, an der nächsten Gabelung links zwischen den Baumreihen hindurch, über die Koppel und rechts den Badeweg hoch. Während die Tour bis hier die Vielfalt einer fast ursprünglichen erhaltenen Auenlandschaft zeigte, beginnt ab **Wehlitz** die Weite der großräumigen Tagebaufolgelandschaft. Am Ende des Badewegs geht es links auf der Ermlitzer Straße weiter. Unter der Autobahn hindurch und die nächste Straße links biegt der Weg nun nach **Rübsen** ab. Das Sackgassendorf mit idyllischem Mittelpunkt am liebevoll gestalteten Teich beginnt und endet mit der Thomas-Müntzer-Straße, nur ein Feldweg führt nach **Ermlitz** am anderen Ende weiter. Dieser führt am Wohnwagen-Campingplatz vorbei. Links liegt der Mühlgra-

Kulturgut
Ermlitz-Oberthau,
Pestalozzistraße 10
Tel.: (034204)-3 55 82

Torturm in Wehlitz und Sackgassendorf in Rübsen

ben und etwas weiter dahinter die Weiße Elster. Am Sportplatz angekommen, verkündet eine Skulptur „Auf Wiedersehen in Ermlitz“, kurz darauf geht es links auf der Ammendorfer Straße weiter bis zum Ortseingang von Ermlitz-Oberthau. In **Oberthau** muss man links in die Elsterstraße einbiegen. Ermlitz gehörte einst zu Schkeuditz. Der Leipziger Bürgermeister Heinrich Apel, auch durch seine Gespensterbücher bekannt, kaufte Ermlitz mit gesamtem Dorf 1771. Durch seinen Sohn und Enkel wurde es zu einem Mittelpunkt des Kulturlebens in Sachsen. Die Tour tritt mit der Überquerung der Weißen Elster am Ende der Elsterstraße in das ehemalige **Tagebaugebiet Merseburg-Ost** ein. Seit über 30 Jahren wird hier Ab- und Aufbauarbeit geleistet. Obwohl nach Auskohlung der Tagebaue viele Hölzer und Gräser angepflanzt wurden und Seen entstanden, kehrt nur langsam die natürliche Lebenswelt zurück. Nach der Wende wurde dieses Gebiet zum Landschaftsschutzgebiet erklärt, was wohl eine kleine Wiedergutmachung an die Natur ist. Viele neue und seltene Pflanzenarten, wie zum Beispiel das Große Zweiblatt, Orchideen, Natterzungenfarn, sind seitdem hier gewachsen, aber auch viele Vögel, Amphibien oder Wild finden hier ihren Le-

Am Raßnitzer See

Neuer Aussichtsturm bei Raßnitz

Grabplatte an der Ostseite der Kirche von Lochau

bensraum. Nicht selten zieht der Milan seine Kreise am Himmel. Die neu entstandenen Wiesen werden oft von Schafherden besucht, die dann schon mal den weiteren Weg behindern. Die Tour führt hier kurvenreich nahe der Weißen Elster durch die renaturierte Landschaft. Der Aussichtsturm bei **Raßnitz** bietet gute Sicht über das ganze Areal der Tagebaurestlöcher und ihrer Renaturierung. Nicht nur der Turm ist ein Treffpunkt für Ausflügler und die Seen sind Magneten für Wassersportler. In der Morgendämmerung können hier außerdem die verschiedensten Wasservögel hautnah beobachtet werden. Das Gebiet ist zu einem Rast- und Brutgebiet für eine Vielzahl einheimischer Vögel geworden. Eine der größten Graureiherbrutkolonien Deutschlands rastet hier.

Dorfkirche Lochau
Tel.: (0345)-7 82 06 13

Gaststätte und Pension „Lindenhof" in Lochau, Hauptstraße 2
Tel.: (0345)-7 82 04 06

Nach unserer kleinen Rast am Aussichtsturm geht es weiter am See entlang und immer geradeaus. An der ersten großen Kreuzung am Ende des ersten Sees geht es schräg rechts weiter, von hier ist auch schon der zweite See sichtbar. Den nächsten rechts abgehenden Weg müssen Sie einbiegen und an der Schranke vorbei etwas später rechts auf einen kleinen Waldweg fahren. Der Weg führt direkt auf den Kirchturm der 1161 erbauten Kirche von **Lochau** zu. Am Ende des Waldweges muss rechts in Richtung Lochau auf die Landstraße abgebogen, die Weiße Elster überquert und nach der Brücke

Landschaft bei Lochau

links auf dem Damm weiter bis zum Wehr gefahren werden. Am Wehr geht es rechts nach **Döllnitz,** vorbei an Kleingärten. Schrittweise verlässt die Tour die Auenlandschaft der Elster und Luppe. Am Platz der Einheit in Döllnitz sollte kurz innegehalten werden. Es lohnt sich, in das Heimatstübel hineinzuschauen und sich von einem engagierten Mitglied in die Geschichte entführen zu lassen. Denn Döllnitz ist nicht nur bekannt durch das Gose-Getränk, sondern auch durch die Schmugglerkneipe (früher hier Landesgrenze zwischen Preußen und Sachsen!), die 90 Jahre alte Stieleiche, den Bauernstein oder die 1713 im barocken Stil erbaute Kirche.

Nach dem Ausflug in die Geschichte wird einem die Realität der heutigen schnelleilenden Gesellschaft in einer Sekunde wieder bewusst. Von Döllnitz führt der Weg weiter in Richtung **Halle-Ammendorf.** Der Verkehr hat uns am Ende der Tour wieder eingeholt. Die Regensburger Straße endet genau in Halle-Ammendorf. Nach Querung der Merseburger Straße folgen wir dem Reide-Radweg (blauer Strich auf weißem Grund). Dieser trifft im Ortsteil Beesen (Mündung der Weißen

Wehr an der Weißen Elster
bei Döllnitz

Heimatstübchen Döllnitz
Platz der Einheit 1a
Tel.: (0345)-7 82 07 21

Wassermühle Döllnitz

Freibad Halle-Ammendorf

Technisches Halloren- und Salinemuseum Halle, Mansfelder Straße 52 Tel.: (0345)-2 02 50 34

Händelhaus Große Nikolaistraße 5 Tel.: (0345)-50 09 00

Staatliche Galerie Moritzburg Friedemann-Bach-Platz 5 Tel.: (0345)-21 25 90

Volksfest am Halloren- und Salinemuseum Halle

Elster in die Saale) auf den Saale-Radwanderweg an der Kaiserslauterner Straße. Er führt uns ins Zentrum von Halle. Der Name der Stadt stammt vom Keltischen „Hall" und bedeutet soviel wie „Stätte der Salzbereitung". Im Halloren- und Salinemuseum können die Besucher die alten Verfahren der Salzgewinnung beim Schausieden noch miterleben. Nächste Station ist der Hallmarkt, der als Ursprung der Stadt gilt. Hier befanden sich bereits vor mehr als tausend Jahren erste Siedeanlagen. Auf dem sich oberhalb anschließenden Marktplatz standen ursprünglich zwei Kirchen. 1529 brach man deren Schiffe ab und verband die stehen gelassenen beiden Turmpaare mit einem Hallenlanghaus spätgotischen Stils. Es entstand die Marktkirche. Im Inneren ziert sie u. a. ein Flügelaltar

von Lucas Cranach d. Ä. Gemeinsam mit dem „Roten Turm", einem 1418 bis 1506 gebauten Symbol aufstrebenden bürgerlichen Selbstbewusstseins, bilden die fünf Türme des Markts das Wahrzeichen von Halle. Das 1859 errichtete Händeldenkmal stimmt auf einen Besuch im nahe dem Markt gelegenen Händelhaus ein. Es liegt außerdem am Weg Richtung Moritzburg, vorbei am Anfang des 16. Jahrhunderts errichteten Dom mit der einstigen erzbischöflichen Residenz und der alten Stadtmühle. Ursprünglich als Kastell der Magdeburger Erzbischöfe 1484 bis 1503 errichtet, macht sich die Moritzburg seit 1897 als Museum und Galerie einen Namen. Die Innenstadt hat noch viele weitere Kostbarkeiten zu bieten. Erinnert sei nur an das UNESCO-Weltkulturerbe Franckesche Stiftungen, an den Universitätsplatz oder an den einzigartig restaurierten Stadtgottesacker der im Stile eines „Campo Santo" unter dem Einfluss der italienischen Renaissance entstand. Wir lassen unsere Tour jedoch im idyllischen Saaletal Richtung Burg Giebichenstein ausklingen. Gaststätten und Parkanlagen locken zum Verweilen, ehe wir uns per Straßenbahn zum Bahnhof befördern lassen.

Marktplatz von Halle mit seinen fünf markanten Türmen

Halle Tourist e. V.
Tel.: (0345)-47 23 30
www.halle-tourist.de

i

„Fischerstechen" auf der Saale vor der Kulisse der Burg Giebichenstein

# Über Land nach Landsberg

# TOUR 13

## HINWEISE FÜR RADLER

TOUR-EMPFEHLUNG Ab Leipzig Hauptbahnhof, über Lindenthal, Radefeld, Glesien, Wiedemar bis Landsberg.

LÄNGE DER TOUR 34,8 km

SCHWIERIGKEITSGRAD Die Radwandertour verläuft weitgehend über ebene Landschaften, sowohl auf gut ausgebauten Radwegen als auch über ruhige Landstraßen, häufig jedoch noch mit Kopfsteinpflaster. Während im ersten Teil der Fahrt Gewerbegebiete und Autobahnüberquerungen dominieren, wird man im letzten Drittel mit Landschaftsidylle und verträumten Dörfchen belohnt. Aufgrund der Länge, des Profils und des klaren Verlaufs der Strecke empfiehlt sich die Tour auch für Familien und Senioren. Allerdings sollte man einen windfreien Tag wählen. Für die Rückfahrt mit der DB sollte großzügig geplant werden, da eine Verbindung nach Leipzig nur über Halle oder Bitterfeld möglich ist.

## TOUR-ÜBERBLICK

0,0 Start Hauptbahnhof, Pfaffendorfer Straße
1,3 durch das Rosental, vorbei an der Kläranlage und dem Auensee nach Wahren
5,9 Rathaus Wahren, Linkelstraße
6,9 OE Lindenthal, geradeaus durch den Ort
8,0 an der Kreuzung links in die Erich-Thiele-Straße fahren
8,8 rechts auf dem „Äußeren Grünen Ring“ zum
9,8 „Denkmal der 53“, nach rechts durch den Eichenwald schlängeln, dessen Waldwege bald in einen Asphaltweg münden
11,6 Straße (Radweg) am Güterverkehrszentrum, links in Richtung Postverteilzentrum fahren
14,1 Brücke über die A 14 überqueren, OE Radefeld
14,8 rechts auf der Hauptstraße durch Radefeld, ab hier der Straße am Rand der Nordlandebahn des Flughafens folgen
20,7 OE Glesien, Ort durchfahren (z. B. an der Kleinbahn in die Freistraße, Querung der Kölsaer Straße)
22,8 rechts in die Anhaltiner Straße einbiegen

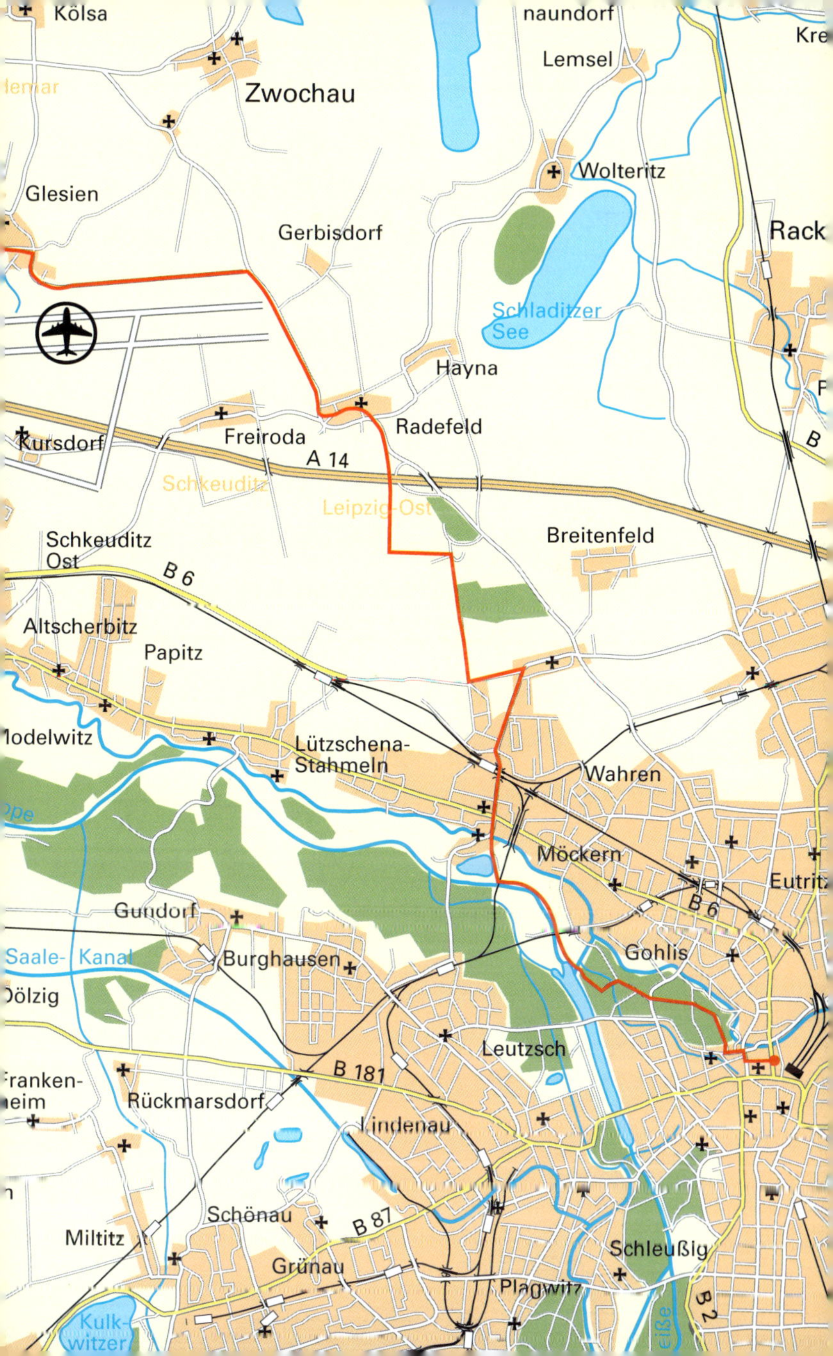
Kölsa
naundorf
Lemsel
Zwochau
Glesien
Wolteritz
Rack
Gerbisdorf
Schladitzer See
Hayna
Radefeld
Freiroda
Kursdorf
A 14
Schkeuditz
Leipzig-Ost
Breitenfeld
Schkeuditz Ost
B 6
Altscherbitz
Papitz
Lützschena-Stahmeln
Wahren
Möckern
B 6
Gohlis
Gundorf
Saale-Kanal
Burghausen
Leutzsch
B 181
Rückmarsdorf
Lindenau
Schönau
B 87
Miltitz
Grünau
Schleußig
Plagwitz
B 2
Kulkwitzer

Landsberg
Storkwitz
B 183
Zschernitz
Strengbach
Kyhna
Gollma
nsdorf
Landsberg
Quering
ußen
Lohnsdorf
Klitschmar
Lissa
A 9
Sietzsch
Strengbach
Queis
Grabschützer See
Kölsa
sdorf
Wiedemar
Wiedemar
Zwochau
ottenz
Wiesenena
Glesien
Raubutz
Gerbisdorf
Werlitzsch
woitsch
A 14
Schkeuditzer Kreuz
Großkugel
Freiroda
el
Kursdorf
A 14
A 9
Schkeuditz
Leipzig
Schkeuditz
B 6
Schkeuditz Ost
B 6
Großkugel
litz
Altscherbitz
Ermlitz
Wehlitz
Papitz
hau
Schkeuditz West
Weiße Elster
Modelwitz
Lützschena
Stahmeln
Luppe

| | |
|---|---|
| 23,9 | Überquerung der A 9 |
| 24,8 | OE Wiedemar, Ort durchfahren, Airterminal (Gewerbegebiet) rechts liegen lassen |
| 26,3 | OA Wiedemar |
| 28,4 | Möbellager Porta, Kreisverkehr umfahren Richtung Sietzsch |
| 29,3 | OE Sietzsch, ab Friedhof den Ort Richtung Lohnsdorf über Feldweg verlassen |
| 30,4 | OE Lohnsdorf |
| 31,5 | Bahnstation Landsberg Süd |
| 32,5 | OE Gollma, über Franz-Salomon-Straße Richtung Landsberg |
| 34,3 | OE Landsberg, der Hauptstraße folgen bis |
| 34,8 | Marktplatz Landsberg (1km zum Bahnhof) |

Radfahrer- und Fußgängerbrücke über die A 14 bei Radefeld

# Über Land nach Landsberg

TIM TRÖGER

In den Dörfern lauern auch Gefahren

Straßenbahn 4 bis Endstelle Gohlis, Landsberger Straße
Regionalbahn und Intercity Leipzig–Halle–Landsberg

Seite 232/233: Blick über das Freibad auf die romanische Doppelkapelle in Landsberg

Einen Kreis auf der Ausflugskarte um Leipzig gezogen, stellt man schnell fest, dass die gängigsten Ziele auf der Beliebtheitsskala den Norden kaum berühren und schon gar nicht die Landesgrenze zu Sachsen-Anhalt überschreiten. Dabei liegt kurz hinter dieser einer der kuriosesten Orte der näheren Umgebung: Landsberg. Nicht nur der Name straft das Bild der Leipziger Tieflandsbucht Lügen, es handelt sich wirklich und wahrhaftig um einen Berg, zu dessen Füßen ein kleiner Ort liegt, der nicht nur wegen seiner Lage einen Ausflug lohnt. Aber doch ist es gerade sie, die den besonderen Reiz ausmacht. Sind die Leipziger im Laufe ihrer Geschichte darauf angewiesen gewesen, sich ihre wenigen Erhebungen mühsam aus Hausmüll selbst zu schaffen, so ist der Landsberg aus echtem Gestein. Noch faszinierender ist der Umstand, dass der Berg einsam und allein in einer auch dort flachen Landschaft steht. Somit ist er schon von weitem sichtbar, was ein großer Vorteil dieser Radtour ist, bei der man das Ziel die meiste Zeit schon vor Augen hat. Doch der Reihe nach:
Markanter Ausgangspunkt ist das Rathaus **Wahren.** Hierher gelangt man entweder schon per Fahrrad oder transportiert selbiges mit der Straßenbahn. Der letzte städtische Eindruck ist die Linkelstraße, denn schon kurz hinter der Bahnbrücke wird es in **Lindenthal** merklich grüner. An den Kleingärten

Kaiserparade auf dem Lindenthaler Exerzierplatz am 5. September 1903

passiert man die letzten geschäftigen Stadtbewohner, bevor am „Denkmal der 53“ kaum noch eine Menschenseele anzutreffen ist.

Eine zurzeit noch abenteuerliche Fortsetzung hat die Tour in nördlicher Richtung am Rand des Tannenwaldes. Sie lesen richtig, auch wenn in natura kein einziges diese Gewächse zu sehen ist. Stattdessen handelt es sich um einen stattlichen Eichenwald. Auch der Weg verdient seine Bezeichnung nicht und ist deshalb unbedingt vorsichtig zu befahren. Er ist in der Zeit entstanden, als sich angrenzend noch der Exerzierplatz der Reichswehr befand. Dieser ist zwar Geschichte, trotzdem schlangelt man sich immer noch gut getarnt um die Eichen. Wenn man gewohnt ist, dass der Auensee kein natürliches Gewässer darstellt und der Begriff Scherbelberg die erwähnten Müllhaufen meint, wird einen auch der Anblick von weidenden Büffeln auf dem alten Exerzierplatz nicht erschrekken. Diese sind zwar echt, nur ihren Lebensraum werden sie sich erst nach und nach schaffen und sich diesen auch noch mit Testwagen der Firma Porsche teilen müssen.

Einen Qualitätssprung macht die Fahrt endlich auf den asphaltierten Straßen im Güterverkehrszentrum. Es ist ein gro-

Pferdekoppel auf dem ehemaligen Lindenthaler Exerzierplatz

Als Landmarke weithin sichtbares Kundenzentrum von Porsche

ßes Gewerbegebiet wie so viele in der Leipziger Umgebung, nur eben mit der Spezialisierung als Umschlagplatz für Waren aller Art und deren An- und Abtransport auf der Straße oder auf Bahngleisen. Die ursprünglich geplante Dimension des Areals wurde längst gesprengt, spätestens seit der Ansiedlung von Porsche. Weithin sichtbares Zeichen dieser Ansiedlung ist das Hauptgebäude, das in seiner Höhe die Fertigungshallen überragt und die Form eines Kreisels hat. Besonders bei Nacht wird dieser UFO-Effekt durch einen leuchtenden Ring verstärkt. Trotzdem wird empfohlen, diese Radtour am Tage durchzuführen, schließlich wird nicht alles Sehenswerte derart in Szene gesetzt. Des weiteren befindet sich hier neben dem Postverteilzentrum das Frischezentrum Leipzig, der Nachfahre des so genannten Kohlrabizirkus an der Alten Messe. Leider wurde bei der Verlegung an den Stadtrand im Gegensatz zum vorherigen Domizil kaum gestalterisches Engagement gezeigt. Die neuen Hallen unterscheiden sich in nichts von anderen Gewerbebauten, sodass es dem Volksmund erspart bleibt, hierfür einen originellen Namen zu finden.

Gasthof „Zur Erholung"
Radefeld
Tel.: (034207)-7 23 75

Am Ende des Gebietes quert man auf einer eigens für Fußgänger und Radfahrer geschaffenen Brücke die Autobahn 14 und landet inmitten von **Radefeld,** dem ersten von mehreren Dörfern der Strecke. Auch hier gibt es etwas Unerwartetes

Radfahrer- und Fußgängerbrücke über die A 14 bei Radefeld

Spielplatz am Aussichtspunkt des Flughafens

zu sehen, nämlich Radefelds Dorfanger. Dominiert sonst die den Anger umgebende Bebauung, so hat dieser die Dimension einer Obstplantage und die in Reih und Glied ausgerichteten Bäume scheinen auf dem leicht abschüssigen Gelände auf die Kirche zuzumarschieren. Wenn nicht in dieser Oase, so lässt sich die erste Rast am westlichen Ortsausgang im Gasthof „Zur Erholung" bzw. seinem schattigen Garten einlegen. Verdutzt nimmt man hier die ungewöhnliche Vielzahl von Fischgerichten zur Kenntnis oder probiert eines.

Ab hier folgt man einem bequemen Radweg an der Straße, der einen aus der dörflichen Idylle direkt an den Rand der Nordlandebahn des Flughafens bringt und diese begleitet. Von hier ist der Landsberg bereits gut zu erkennen, bei guter Sicht auch der Petersberg bei Halle. Kurz bevor Glesien erreicht wird, scheinen wieder mal Leipziger einen Scherbelberg errichtet zu haben. In der Tat wurden hier Erdmassen vom Bau der Nordlandebahn aufgetürmt. Auch hierbei geschah dies zum Zweck der Müllentsorgung und um eine gute Aussicht zu haben. Mit etwas Geduld erlebt man von oben neben dem Anblick der 3,6 km langen Piste auch einen Start oder eine Landung auf derselben. Wer schon einmal einen anderen Interkontinentalflughafen passiert hat, weiß, dass es dort belebter zugeht. In der Zwischenzeit können die Kin-

Aussichtshügel am Flughafen Halle-Leipzig

Flughafen
www.leipzig-halle-airport.de
Tel.: (0341)-2 24 11 55

Romanische Kirche in Glesien

Gaststätte „Zur Einflugschneise"
Glesien
Grünstraße 42
(034207)-7 24 27

der auf dem angrenzenden Spielplatz ein kleines Flugzeug erklettern oder im Sand buddeln bis, aufgeschreckt durch ein immer lauter werdendes Geräusch, alle Köpfe gen Himmel blicken. Hat am Aussichtshügel nicht der Eiswagen Halt gemacht, kann man solch ein süßes Vergnügen in **Glesien** in der Gaststätte „Einflugschneise" nachholen. Vorsicht bei der Weiterfahrt – viele Wege führen nach und aus Glesien! Doch ausgerechnet Schkeuditz, wozu der Ort seit seiner Eingemeindung gehört, ist durch den Bau der Nordlandebahn nur noch auf Umwegen erreichbar.

Nach dem wiederholten Passieren der Autobahn ist die nächste Station **Wiedemar**. Das beschauliche Dorf ist den meisten wahrscheinlich erst seit der Ansiedlung eines großen Möbelhauses bekannt, existiert aber schon länger. Im Laufe der Zeit wandelte sich Wiedemars Bedeutung und Charakter ständig. Dem klassischen Dorfbild mit Bauern- und Gutshöfen entsprach die Gemeinde vor allem im 19. Jahrhundert. Damals lebten die Bewohner vom Getreide- und Futterpflanzenanbau. Die Industrialisierung berührte Wiedemar zwar nicht direkt, doch die sich im Umkreis ansiedelnde chemische Industrie wurde zum Arbeitgeber für viele, die fortan in Wiedemar nur noch wohnten. In der DDR wich die private Landwirtschaft den Großbetrieben, die mit ihren endlosen bereinigten Feldern und den großen Viehställen prägend für die Leipziger Tieflandsbucht wurden. Weiteres Merkmal der Region waren die Tagebaue. Während für Leipziger vor allem der Südraum als Symbol des Braunkohleabbaus und seiner Folgen steht, gerät leicht in Vergessenheit, das auch im Delitzscher Revier Orte für immer von der Landkarte verschwanden. Dieses Schicksal hätte auch Wiedemar ereilt, wenn es zum damals geplanten Tagebau Hatzfeld gekommen wäre.

Es lohnt sich, die Hauptstraße zu verlassen und an der weiß leuchtenden spätgotischen Kirche zum Strengbach zu fahren, der ab hier zum Begleiter der Tour wird. Anschließend verlässt man die alte Ortslage gen Norden, um Wiedemars gegenwärtige Bedeutung zu tangieren: den Airterminal Nord. Hierbei handelt es sich nicht um einen weiteren Flughafen, sondern um den Namen eines immensen Gewerbegebietes, auf dessen Fläche Wiedemar bequem Platz hätte. Erwähntes Möbelhaus ist nur ein Teil davon. Durch die Erbauung und Vermarktung kurz nach der Wende kam es hier im Vergleich zu manch anderem Gewerbegebiet zu einer 100%igen Aus-

Spätgotische Kirche in Wicdomar

Gasthof Wiedemar
Hauptstraße
Tel.: (034207)-7 25 21

„Wiedemarer Blockhütte"
Hauptstraße 1
Tel.: (034207)-4 13 78

Gewerbegebiet Wiedemar

Marktplatz und Gemeindeamt in Sietzsch

Gasthof „Zur Sonne“ in Sietzsch
Tel.: (034602)-4 06 20

Pferdekoppel bei Lohnsdorf

lastung, so dass es 2001 sogar zu einer Erweiterung kam. Blickfang zweier sich kreuzender Hauptstraßen ist das Hotel „Belmondo“, auf deutsch: schöne Welt. Der Radwanderer ist gehalten, sich sein Urteil selbst zu bilden.

Ab jetzt gilt es nur noch, die Realität gewordene Fata Morgana Porta in Form eines großen Warenlagers zu passieren (offenbar ist Wiedemars Gewerbegebiet doch zu klein), und der Rest der Fahrt wird mit ländlicher Idylle belohnt. Im kleinen Dorf **Sietzsch**, das in seiner Mitte ebenfalls vom Strengbach durchflossen wird, gibt es, versteckt hinter einer Mauer, einen Friedhof zu entdecken, auf dem sich ein Glockenspiel unter freiem Himmel bewundern lässt. In direkter nördlicher Fortsetzung führt ein schmaler Weg zwischen Feldern auf eine Pferdekoppel bei **Lohnsdorf** zu, dessen Mitte aus einem ruhigen baumbestandenen Platz besteht. Schnurgerade führt die Straße nach **Gollma,** vorbei an der verträumten Bahnstation, von der man Leipzig über Halle oder Delitzsch erreichen kann. Zur Orientierung sollte man in Gollma die Kirche anpeilen, über enge Gassen das Dorf passieren, sich kurz nach links wenden, bevor rechterhand das Ziel der Fahrt majestätisch vor dem ungeduldigen Touristen steht.

Landsberger Vorland

Der Weg bringt einen direkt in die Ortsmitte von **Landsberg** und jetzt heißt es zum ersten Mal strampeln, denn bereits der Marktplatz liegt am Hang. Als gelte es, sich angesichts des aus der Landschaft erhebenden Berges zu verstecken oder sich dessen Namen durch Unterordnung zu verdienen, schmiegt sich die gesamte alte Ortslage an ihn. Auch spätere Erweiterungen blieben bei dieser Regel, so dass inzwischen der gesamte Ort ringförmig um den Kapellenberg liegt. Anfang und Ende einer Umrundung sollten am Lutherplatz oberhalb des Marktes liegen, da sich von hier auch eine gute Möglichkeit zum Aufstieg bietet (zu Fuß). Außerdem konzentrieren sich hier Landsbergs gastronomische Einrichtungen, so dass man sich je nach Gusto stärken kann.

Auf der Nordseite des Berges liegt eine Malzfabrik und Brauerei, die sich den Charme der Gründerzeit bewahrt hat. Ein Stück weiter biegt man, einem der zahlreichen Wegweiser im Ort folgend, in Richtung Berg ein, wo sich vor der senkrecht aufsteigenden Felswand eine Freilichtbühne befindet. Direkt benachbart und an warmen Sommertagen unüberhörbar liegt das Landsberger Freibad. Dieses ist kaum vergleichbar mit anderen der Region, würde man ein solches Bild doch eher

Doppelkapelle und
Museum Landsberg
Hillerstraße 8
Tel.: (034602)-2 06 90

Ratskeller Landsberg
Markt 1
Tel.: (034602)-2 04 32

Altstadtgasse

Landsberger Marktplatz mit Rathaus

Café la Capella
Landsberg, Lutherplatz 2
Tel.: (034602)-2 02 05

Felsenbad unterhalb der Doppelkapelle

im Gebirge erwarten. Schwimmbecken, Liegewiesen und posierende Bademeister gibt es auch andernorts, doch all dies vor der imposanten Kulisse des Felsens und bekrönt von einer romanischen Kapelle, das gibt es nur hier. Leider ist bei der Sanierung des Bades auf den vormaligen Eindruck des bis an die Felswand reichenden Wasserbeckens mit einem künstlichen Wasserfall verzichtet worden. Entstanden sind Freilichtbühne und Freibad nach der teilweisen Nutzung des Landsberges als Steinbruch. Immer am Hang entlang führt der Weg erst durch eine Siedlung und dann über eine holprige Allee zurück zum Marktplatz.

Über romantische Gassen geht es stets bergauf, bis einem ein entsprechendes Schild signalisiert, dass man sich einer der Attraktionen der Straße der Romanik nähert. Am höchsten Punkt nun also der Höhepunkt der Fahrt, die Doppelkapelle St. Crucius aus dem 12. Jahrhundert. Im Obergeschoss informiert eine Ausstellung über die Geschichte des Ortes und mit etwas Glück erlebt man in diesem alten Gemäuer ein kleines aber feines Konzert.

Trotz der exponierten Lage des Berges ist keine allseitige Aussicht zu haben; man muss sich einzelne suchen, wobei sich teilweise sehr angenehme Plätze für ein Picknick oder ein Nickerchen bieten. Wieder unten angelangt, lässt sich die Rückreise je nach Ermüdungsgrad per Bahn (über Halle oder Bitterfeld) oder per Rad antreten. Eine Kombination ist möglich, indem der 15 km entfernt liegende Bahnhof Delitzsch angefahren wird.

Brauerei Landsberg GmbH
Bahnhofstraße 33
Tel.: (034602)-4 03 33

Restaurant Felsenbad
Landsberg, Bergstraße 5
Tel.: (034602)-4 06 01

Romanische Doppelkapelle St. Crucius

UR-KÖNIGLICH
SEIT GUSTAV ADOLFS ZEITEN EIN WAHRHAFT KÖNIGLICHER GENUSS
G·A·M·R·S·
Ur-Krostitzer
FEINHERBES PILSNER
Tradition Seit 1534 Das Premium vom Lande
Ur-Krostitzer
ES WAR IM JAHRE 1631 VOR DEN TOREN LEIPZIGS, ALS KÖNIG GUSTAV ADOLF MIT SEINEM HEER AM RITTERGUT KROSTITZ VORBEIZOG. ER SANDTE EINEN BOTEN IN DAS NAHE BRAUHAUS NACH EINER KANNE KÜHLEN BIERES, UM SEINEN GROSSEN DURST ZU STILLEN. DAS KROSTITZER MUNDETE IHM KÖSTLICH. SO KÖSTLICH, DASS ER ALS ORDEN SEINEN GOLDENEN RING IN DIE SILBERNE KANNE WARF. DIE TRADITION LEBT!
FEINHERBES PREMIUM PILSNER

Little John Bikes®
Der große Fahrradfachmarkt
Alle Fahrräder werden für mindestens
50 €
in Zahlung genommen.*
№ 1 in Sachsen!
Bei uns gibt's bis zu 100 € für Ihr altes Fahrrad.*
RADSPAREN FÜR ALLE
• kostenlose Inspektion ein Fahrradleben lang
• 24-Stunden-Service
• Festpreise für Werkstattleistungen
2 049500 000194
* Beim Kauf eines unserer Neuräder, befristet bis zum 30.06.2004, nur gegen Vorlage.
3x in Leipzig
im Sport-Scheck · Grimmaische Str. 8
gegenüber Löwencenter · Kastanienweg 1
Little John BIKES®
www.preiswert-radfahren.de

**AUTOREN: Dr. habil. Andreas Berkner** Leiter der Regionalen Planungsstelle beim Staatlichen Umweltfachamt Leipzig, Vorsitzender des Dachvereins Mitteldeutsche Straße der Braunkohle; **Andreas Boos** Diplom-Physiker, Vorstandsmitglied ADFC Leipzig e. V.; **Dr. Helmut Hartmann** Nervenarzt; **Bernd Hoffmann** Diplomlandwirt, Zweckverband Parthenaue; **Ramona Klinger** Diplom-Sozialpädagogin, Promotionsstudentin; **Christoph Kühn** M.A.,Kunsthistoriker; **Dr. Thomas Nabert** Historiker, Geschäftsführer PRO LEIPZIG e. V.; **Ulrich Patzer** Vorsitzender ADFC Leipzig e. V.; **Siegfried Rabenhorst** Leiter des Wanderwegeaktivs Landkreis Bitterfeld; **Wolf-Dietrich Rost** Geschäftsführer, Vorsitzender des Sportausschusses im Leipziger Stadtrat; **Dr. Rainer Totzke** Journalist und Philosoph; **Tim Tröger** Planer, Planungsbüro StadtLabor; ERFASSUNG DER TOUREN UND DER SERVICEANGEBOTE: **Dr. Sybille Ampler** Diplom-Sportlehrerin, **Constanze Wüstrich** Diplom-Sportlehrerin

**ABBILDUNGEN: Archiv Familie Schmidt:** 8 u.; **Archiv PRO LEIPZIG:** 95 o., 239 o.; **Archiv Stadt Altenburg:** 118 o.; **Archiv Stadt Halle:** 214/215, 219, 230 u., 231 u.; **Archiv Stadt Weißenfels:** 173 u. r., 174 l., 175 o.; **Dr. Andreas Berkner:** 20, 135 o.; **Andreas Boos:** 206 M.; **Brauerei Krostitz:** 37 u.; **Konstanze Göbel/PRO LEIPZIG:** 3, 14/15, 19, 21, 22, 23, 24, 25 u., 220, 223 u., 224, 225, 226, 227, 228, 229, 230 o., 231 o., 232/233, 237, 239 u., 240 u., 241 o., 242, 243, 244, 245, 246, 247; **Dr. Helmut Hartmann:** 9 u., 147 u., 152 o., 155, 159 u., 182 u.; **Bernd Hoffmann:** 52 u., 54 u., Umschlag hinten; **Harald Kirschner/ PRO LEIPZIG:** Umschlag vorn, 6/7, 8 o., 11, 12, 13, 25 o., 26 u., 27u., 28/29, 33, 34, 35 o. u. M., 36 u., 37 o., 38, 39, 40, 41, 42, 43, 44, 45 u., 46/47, 52 o., 53, 54 o., 55 u., 56, 57, 58, 59 o., 60, 61, 62, 63, 64, 65, 66/67, 71, 75, 76, 77 u., 78 o., 79 u., 80, 81, 82/83, 87, 88, 89, 90, 91, 92, 93, 94, 95 u., 96, 97 o., 98, 99, 100/101, 106, 107, 108 u., 109 o., 110, 111, 112, 113, 114, 115, 116, 117, 118 u., 119, 120/121, 125, 126, 127, 128, 129, 130, 132 o. r. u. u., 133, 134, 135 u., 136, 137, 138, 139, 140/141, 145, 146, 148, 149, 150, 151, 152 u., 153, 154 o., 156 o. r. u. u., 157, 158, 159 o., 160/161, 165, 166, 167, 168, 169, 170, 171, 172 u., 172 o. u. u. l., 174 r., 175 u., 176/177, 182 o., 183, 184, 185, 186, 187, 188 o., 189, 190, 191, 192, 193, 194/195, 200, 201, 202, 203, 204, 205, 206 o. u. u., 207 o. u. u., 208, 209, 210, 211, 212, 213; **Landesamt für Archäologie Sachsen:** 147 o.; **LMBV GmbH:** 26 o., 27 o.; **Museum der Stadt Pegau:** 131; **Dr. Andrea Nabert:** 154 u.; **Dr. Thomas Nabert:** 156 o. l., 172 o.; **Tylo Peter:** 132 o. l.; **Wolf-Dietrich Rost:** 36 o.; **Armin Rudolph:** 188 u., 207 r.; **Frank Speckhals/PRO LEIPZIG:** 45 o., 97 u., 221 o., 240 o.; **Stadt Markkleeberg, Westphalsches Haus:** 9 o.; **Stadtgeschichtliches Museum Leipzig:** 35 u., 55 o.; **Tim Tröger:** 238, 241 M.; **Heidi Vogel-Hennig/PRO LEIPZIG/ADFC:** 10 u., 59 u., 72, 73, 74, 77 o., 78 u., 79 o., 108 o., 109 u., 221 u., 222, 223 o.; **Norbert Vogel:** 10 o.;

**Ins Leipziger Land mit dem Rad**
Herausgegeben von PRO LEIPZIG e. V.
in Zusammenarbeit mit dem ADFC und dem Planungsbüro StadtLabor
1. Auflage 2004, © PRO LEIPZIG und Autoren
Mit Unterstützung der Stadt Leipzig, Amt für Verkehrsplanung
Konzeption und Redaktion: Dr. Thomas Nabert (Leitung), Fritjof Mothes, Tim Tröger
Reihengestaltung: Heinz-Jürgen Böhme
Layout: Dr. Thomas Nabert, Frank Speckhals
Satz, Produktion: Frank Speckhals, Peter Schiefner
Karten: PRO LEIPZIG
Korrektur: Marianne Cisneros
Druck: Klingenberg Buchkunst Leipzig GmbH
ISBN 3-936508-04-6